Thomas Aquinas Bruhin

Flora Einsidlensis :

systematische Aufzählung der in Einsiedeln freiwachsenden und häufiger

cultivirten Gefässpflanzen

Thomas Aquinas Bruhin

Flora Einsidlensis :
systematische Aufzählung der in Einsiedeln freiwachsenden und häufiger cultivirten Gefässpflanzen

ISBN/EAN: 9783743342446

Hergestellt in Europa, USA, Kanada, Australien, Japan

Cover: Foto ©berggeist007 / pixelio.de

Manufactured and distributed by brebook publishing software
(www.brebook.com)

Thomas Aquinas Bruhin

Flora Einsidlensis :

Flora Einsidlensis,

Systematische Aufzählung

der in

Einsiedeln freiwachsenden und häufiger cultivirten

Gefäßpflanzen.

P. Thomas A. Bruhin,

Kapitular des Stifts Einsiedeln.

Vorwort.

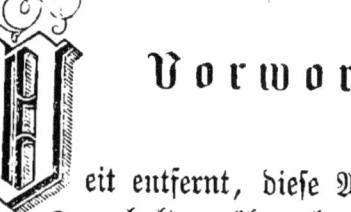

Weit entfernt, diese Aufzählung für vollständig zu halten, übergebe ich sie doch der Oeffentlichkeit, mit dem Bewußtsein, wenigstens nach Vollständigkeit gestrebt zu haben. Wer mit der Flora irgend eines Gebietes sich ernstlicher befaßt hat, wird am besten wissen, wie viel Mühe und Anstrengung es kostet, sämmtliche Gewächse desselben in seinen Besitz zu bekommen und troß aller Anstrengung und Mühe wird ihm doch noch das eine und das andere entgehen. Als ich vor ungefähr 12 Jahren anfieng, die Pflanzen meines Studienortes und meiner nachmaligen zweiten Heimath aufzusuchen, da dachte ich freilich nicht im Entferntesten daran, daß diese Anfänge bereinst das Material zu einer Druckschrift liefern sollten und so erklärt sich denn auch das Lückenhafte, besonders hinsichtlich der genauern Angabe der Standorte. Ich begnügte mich anfänglich damit, eine Pflanze aufgefunden und bestimmt zu haben, ohne mich besonders um den Standort zu bekümmern. Erst später lernte ich die Wichtigkeit dieses Momentes kennen und als mir daher aufgetragen wurde, ein Verzeichniß der Pflanzen Einsiedelns abzufassen, hatte ich nichts Eiligeres zu thun, als noch einmal von Vorne anzufangen, das heißt die Pflanzen, die ich schon im Herbarium oder doch im Verzeichniß hatte, noch einmal an ihren Standorten aufzusuchen. Dazu aber brauchte es Zeit und ich entschloß mich deßhalb, der „Aufzählung" eine „Uebersicht der Geschichte und Literatur der Schweizerfloren," zu der ich das Material schon beisammen hatte, vorauszuschicken, mittlerweile, so hoffte ich, könnte ich die Standorte für die meisten, wo nicht für alle hier aufgeführten Pflanzen wieder ausmitteln. Da nun aber auch diese Hoffnung vereitelt ist, indem ich seit Herbst 1863 an den Bodensee versetzt bin und nicht weiß, wann ich wieder zurückgerufen werde, so halte ich nun nicht länger mit der Veröffentlichung zurück in der Hoffnung, daß billige Beurtheiler nicht sowohl auf das sehen, was hätte geleistet werden können, als vielmehr auf das, was wirklich geleistet wurde; denn daß alle hier aufgeführten Pflanzen in dem Gebiete, wie ich es unten näher bezeichnen werde, gefunden werden, dafür kann ich gut stehen und werden spätere Nachforschungen meine Angaben hoffentlich bestätigen.—

Noch ein Wort über die Grundsätze, die mich bei der „Aufzählung" leiteten. Diese ist zunächst für die Studirenden der Klosterschule geschrieben. Daher fügte ich überall die deutschen Namen bei, weil ich aus Erfahrung weiß, daß man, wenigstens in den untern Klassen, nicht recht an die lateinischen Namen will. Uebrigens wird man nach dieser Aufzählung noch keine Pflanzen bestimmen können, dazu bedarf man einer Flora und ich empfehle, wie immer, „Koch's Taschenbuch der deutschen Schweizerflora," nach welchem ich auch meine Aufzählung eingerichtet habe. Sehr brauchbar und bedeutend wohlfeiler ist „Lorinser's Taschenbuch der Flora Deutschlands und der Schweiz," welches eben nichts anderes, als die analytische Tabelle zu Koch ist. Da die cultivirten Pflanzen in der Regel mehr als die freiwachsenden die Aufmerksamkeit der Anfänger in Anspruch nehmen, so glaubte ich dieselben nicht ausschließen zu dürfen. Ich blieb dabei keineswegs bei den zum ökonomi=

schen Gebrauch gezogenen Pflanzen stehen, sondern zog auch noch einige der bekanntesten Zierpflanzen in den Kreis dieser Aufzählung, worin ich vielleicht etwas zu viel und etwas zu wenig gethan habe.

Dasjenige aber, was diese Aufzählung vor andern derart unterscheiden soll und ihr vielleicht einigen Werth verleiht, ist die sorgfältige und gewissenhafte Anführung der Auctoren, welche die betreffende Pflanze als in Einsiedeln wachsend angegeben haben. Es werden dadurch viele Angaben beglaubigt, welche sonst hätten bezweifelt werden können und dann sind diese Angaben auch geeignet, das Interesse zu constatiren, welches die Botaniker von jeher der Flora Einsiedelns geschenkt haben. Eine Aufzählung der hervorragendsten Floristen, welche Einsiedeln besuchten, wird übrigens unten folgen.

Mehrerau bei Bregenz, den 17. April 1864.

Einleitung.

Einsiedeln ist eine Hochebene, welche ringsum von Bergen eingeschlossen und von zwei Flüssen durchschnitten wird. Der eine dieser Flüsse, die Sihl, welche hinter dem sogenannten Satzenpasse entspringt, gibt dem Thale, welches sie in unendlichen Krümmungen von Süd-Ost nach Nord-West durchfließt, den Namen. *) Im Hintergrunde (östlich) erhebt sich majestätisch der Fluhbrig, sonst auch Diethelm genannt und schließt das Thal gegen den Kanton Glarus ab. Folgen wir dem Lauf der Sihl nach Westen, so erweitert sich das Thal bei dem Pfarr-

---

*) Im engern Sinne heißt man nur den hintersten Theil dieses Thales „Sihlthal." Dieselbe Bewandtniß hat es auch mit dem Alpthal.

dorf Stuben in zwei große Nebenthäler, von denen das eine (links) nach Waag und Jberg führt, das andere aber, das Euthal, an den kleinen Aubrig anlehnt. Noch weiter nach Westen verengert sich das Thal bedeutend durch die Vorsprünge zweier Berge, welche in dieser Aufzählung oft genannt werden und von denen der eine (links) Hummel, der andere (rechts) Sattel heißt. Sind wir durch diesen Engpaß zwischen Kalch und Steinbachfluh vorbei, so öffnet sich das Thal und wieder erblicken wir zwei Nebenthäler, links das Groß zwischen dem Hummel und Freiherrenberg, hinter welchem letztern Dorf und Stift Einsiedeln liegen — und rechts die Filiale Willerzell nebst Rickenthal, (durch welches der Weg in's Wäggithal über die Miesegg führt) zwischen dem Sattel und Sommerig, hinter welchem Schlagberg, gemeinhin Schlapprig, liegt. Von da an fließt die Sihl bei dem sogenannten todten Meere und am Fuß des Etzels bei Egg vorbei und stürzt sich schäumend unter der Teufelsbrücke hindurch nach Schindellegi, wo sie unser Gebiet verläßt. — Das andere Hauptthal, von der Alp in der Richtung von Süd nach Nord durchströmt und daher Alpthal genannt, nimmt seinen Anfang am Fuß des Mythen, dem Grenzstein zwischen Schwyz und Einsiedeln, an den sich westlicherseits der Hackenpaß anlehnt. Unmittelbar vor Einsiedeln macht das Thal nach rechts (wenn man von Alpthal kommt) eine Einbiegung in's Wähni (bei Trachslau,) durch welches ein Fußpfad über den Booli zwischen Freiherrenberg links und Tritt rechts nach Groß führt. Eine andere Einbiegung macht das Thal auf der gegenüberliegenden Seite zum Bolzberg, von wo man nördlich fortschreitend zum Katzenstrick, auf Brunnern, zum Schnabelberg und in's Rabennest gelangt, durch welches sich die Alp mit verändertem Lauf zwischen Bennau und dem Altenberg nach Westen drängt, bis sie beim Posthaus, (Biberbruck, Kappentausch) am Fuß der hohen Rhone, die von Bibereck kommende Biber aufnimmt und in der anfänglichen Richtung nach Schindellegi strömt, wo sie sich mit der Sihl vereinigt.

In geognostischer Beziehung bietet Einsiedeln wenig Außerordentliches. Der größte Theil liegt in der Kalkformation, beim Groß beginnt die Molasse und im Rabenneft tritt bunter Mergel zu Tag. Ausgezeichnet aber ist Einsiedeln durch seine mächtigen Torflager, welche eine Menge der seltensten und gesuchtesten Pflanzen nähren und diese sind es denn auch, welche von jeher Botaniker von Nah und Fern in unsere unwirthliche Gegend herbeigelockt haben.

Um die Mitte des 15. Jahrhunderts ist es Conrad Geßner von Zürich, welcher seinen Freund Adolph Occo zu einer Exkursion nach Einsiedeln einladet mit den Worten: „Si huc aliquando venires, quod opto, viseremus illum, de quo scripsi (Aegibius Tschudi) qui ad lacum habitat (in oppido Rappersuilla.) Liceret autem navigare, et inde intra duas fere horas ad celeberrimam illam Eremum Virginis, juxta altissimos montes sitam, transire, *et montem aliquem rei herbariæ causa*, et tractum illum alpinum longe lateque circumspiciendi gratia, conscendere, partim pedibus, partim equitando, si liberet." Ep. Med. L. II. p. 49 b. u. 78 b. Vergl. Progr. v. 1863 S. 11. — Daß Geßner wirklich in Einsiedeln gewesen sei, geht aus einer Andeutung über Trollius europæus hervor. Von Asarum europæum sagt Geßner, daß es nach Einigen in Einsiedeln vorkomme. Gegen Ende dieses oder zu Anfang des 17. Jahrhunderts botanisirte Joachim Burser, ein Schüler Kaspar Bauhin's in Einsiedeln und entdeckte hier Scheuchzeria palustris und Juncus stygius. Kaspar Bauhin scheint nicht selbst in Einsiedeln gewesen zu sein, denn was er in seinem Pinax (p. 197 der ersten Ausgabe) über Asarum europæum sagt, ist aus Geßners Horti Germaniæ. Dasselbe gilt von Bernhard Verzascha, Stadtarzt in Basel, welcher in seinem, 1678 veröffentlichten, Kräuterbuch ebenfalls des in Einsiedeln vorkommenden Asarum europæum gedenkt.

Im 18. Jahrhundert besuchten Einsiedeln:

Joh. v. Muralt und Joh. Jak. Scheuchzer aus Zürich, Abraham Gagnebin von La Ferrière im Erguel und wahrscheinlich auch Benedikt Stähelin von Basel. Albert von Haller scheint Einsiedeln nie gesehen zu haben, wohl aber Suter, der Verfasser der Flora helvetcia und Ebel, der eine Anleitung die Schweiz zu bereisen u. a. geschrieben hat. Die Zahl der Besucher nahm im 19. Jahrhundert eher zu als ab und da ist es vor allem Joh. Hegetschweiler, welcher sich um die Flora Einsiedelns höchst verdient gemacht hat, indem er in seiner „Vorrede zur 2. Ausgabe von Suters Flora helvetica," in seinen „Beiträgen zu einer kritischen Aufzählung der Schweizerpflanzen" und in seiner „Flora der Schweiz" und endlich in der mit Labram herausgegebenen „Sammlung von Schweizerpflanzen" viele, mitunter seltene Pflanzen Einsiedelns aufführt, so daß dieselben recht eigentlich als die Grundlage nachfolgender Aufzählung können angesehen werden. Im Kloster Einsiedeln, wohin Hegetschweiler oft als Arzt berufen wurde, herrschte im Anfang der Zwanziger Jahre ein reger Sinn für die Naturwissenschaften, geweckt besonders durch den nun verstorbenen P. Meinrad Kälin, meinen unvergeßlichen Lehrer. Ich kann mich nicht enthalten, das Lob, welches ihm Hegetschweiler in seinen Beiträgen S. 271 öffentlich spendet, hier noch einmal zu wiederholen: „In Einsiedeln," sagt Hegetschweiler a. a. O. „verspricht das noch nicht lange angelegte Herbarium des Stifts, theils durch Schönheit der getrockneten Pflanzen, theils durch Seltenheit mehrerer derselben, etwas Ausgezeichnetes derart zu werden. Mehrere Hw. Conventualen, namentlich der in den Naturwissenschaften so ausgezeichnete Hr. Prof. Meinrad Kälin sind überdies mit den Standorten der selteneren Pflanzen umher genau bekannt." — Das genannte Herbarium ist, wie ein noch vorhandenes Verzeichniß ausweist, das Werk der Hochw. P. Athanas Tschopp und P. Bonifaz Graf.

Im Jahre 1829 war Wahlenberg aus Schweden und 1830 August Pyram. De Candolle aus Genf in Einsiedeln, wie aus dem Fremdenbuch der Stiftsbibliothek Bd. I. S. 140 und 145 hervorgeht. Auch der rühmlichst bekannte Agrostograph und Verfasser der Flora helvetica, Jean Gaudin von Nyon scheint in Einsiedeln gewesen zu sein. Amman entdeckte hier zuerst Trientalis europæa cf. Wegelin Enumeratio Floræ helveticæ; Moritzi dagegen, welcher oft Einsiedeln als Standort anführt, entlehnte seine Angaben größtentheils aus Hegetschweiler. Von noch lebenden Botanikern nenne ich nur C. Nägeli und Oswald Heer von Zürich, Appellationsrichter Jean Muret von Lausanne, Bernoulli, den Verfasser der Gefäßkryptogamen der Schweiz von Basel, Hochw. Hr. Prof. Gisler von Altorf, Hr. Rihner von Schwyz und Chr. Gr. Brügger von Churwalden.

Erklärung einiger Abkürzungen.

Ath. und Bf. = Herbar. v. P. Athanas und Bonifaz.
B. Gef. = Bernoulli, Gefäßkryptogamen der Schweiz.
G. Syn. = Gaudin, synopsis floræ helveticæ ed. Monnard.
H. Beitr. = Hegetschweiler, Beiträge zu einer krit. Aufzählg. der Schweiz. Pflanzen. S. 243 u. 244.
H. Fl. = Hegetschweiler, Flora der Schweiz, fortgesetzt und herausgegeben von Osw. Heer.
H. u. Labr. = Hegetschweiler u. Labram, Sammlung von Schweizerpflanzen.
H. Vorr. = Hegetschweiler, Vorrede zu Suters Flora Helvet. 2. Ausgabe.
M. Fl. = Moritzi, Flora der Schweiz.
S. Fl. = Suter, Flora helvetica.

I. Klasse. Dicotyledonen.

A. Thalamifloren.

Ranunculaceen Juss.

1. Clematis L. Waldrebe.
   Cl. Vitalba L. Nielen. Am Etzel.
2. Thalictrum L. Wiesenraute.
   Th. aquilegifolium L. Häufig im Groß, seltener anderwärts.
3. Anemone L. Windröschen.
   1. A. Hepatica L. Soll im Sihlthal vorkommen; in Gärten mit gefüllten Blüthen.
   2. A. narcissiflora L. Fluhbrig (vulgo Diethelm).
   3. A. alpina L. Ich erhielt sie (mit weißen Blüthen) vom Mythen; kommt gewiß auch auf dem Fluhbrig u. s. w. vor.
   4. A. nemorosa L. Märzenblüemli. Gemein an Hecken, Rainen u. s. w.
4. Adonis L.
   A. Autumnalis L. Blutströpfchen. In Gärten.
5. Ranunculus L. Hahnenfuß.
   1. R. aquatilis L. Bei der Klostermühle in der Wasserleitung und anderswo.
   2. R. alpestris L. Auf dem Fluhbrig.
   3. R. aconitifolius L. Etzel und andre Höhen. (H. Beitr. S. 244), z. B. Freiherrenberg, wo ich ein Exemplar mit äußerst kleinen Blumenblättern: var. parvipetalus mihi fand.
      Die var. β. platonifolius L. ist in Wiesen ungemein häufig. (H. Beitr. S. 244.)
   4. R. Flammula L. In Gräben u. s. w. gemein.

- 5. R. Ficaria L. Scharbock. Obergroß, Willerzell (hinter der Kirche häufig), Egg, Altenberg, Helgenstöcklimatt, Conventgarten ꝛc
- 6. R. montanus Willi. Im Sihlthale; folgt dem Laufe der Sihl bis nach Zürich), wo er nach Hegetschw. vorkommt.
- 7. R. acris L. Gemein.
- 8. R. lanuginosus L. In Wäldern nicht selten; Freiherrenberg u. s. w.
- 9. R polyanthemos L.
- 10. R. nemorosus DC.
- 11. R. repens L. Häufig auf lehmigem Boden, z. B. bei der Ziegelhütte u. s w.
- 12. R. balbosus L.
- 13. R. sceleratus L.
- 14. R. arvensis L.

6. Caltha L. Dotterblume.
C. palustris L. Gräben. Auf nassen Wiesen oft heerdenweise.

7. Trollius L. Trollblume.
T. europaeus L. Diese, unter dem Namen „Rolle", „Einsiedler-Rolle", „Rigi-Rolle" bekannte, schöne Pflanze wächst häufig in feuchten Wiesen um Einsiedeln, wo sie schon Konrad Geßner von Zürich um die Mitte des 16. Jahrhunderts angab. „Sponte nascitur abunde in montibus nostris, cum alibi tum circa Eremum Divae Virginis." C. Gessner Horti Germaniae unter „Aconiti secundi species." Schon Geßner nennt sie Trollblumen und fügt als etymologische Erklärung hinzu: „Nam trollen nobis est in orbem volvere"; l. c. Nach dem Deutschen bildete Linne den lateinischen Namen.

8. Nigella L. Schwarzkümmel.
N. damascena L. „Gretli im Busch." Cultivirt.

9. Aquilegia L. Aglei.
- 1. A. vulgaris L. Scheint der Einsiedlerflora zu fehlen; wird aber in Gärten cultivirt.
- 2. A. atrata Koch. Im Rabennest, bei der Au u. s. w. ziemlich vereinzelt.

10. Delphinium L. Rittersporn.
- 1. D. Consolida L. Cultiv. Art.
- 2. D. Ajacis L. Cultiv.

11. Aconitum L. Eisenhut.
   1. A. Napellus L. Blauer Eisenhut. Auf allen Bergen der Umgegend, besonders in der Nähe von Alpenhütten und von Wasser. A. rivale Hegetschw. Flora, mit dem Standort „Einsiedeln" ist nichts anderes als A. Napellus L. Auch cultivirt.
   2. A. Lycoctonum L. Gelber Eisenhut. Wie die vorhergehende, aber weniger häufig.
12. Actaea L.
   A. spicata L. Euthal; Freiherrenberg selten.
13. Paeonia L. Pfingstrose.
   P. officinalis L. Unser Herrgottsblumen. Cultivirt. Mit gefüllten Blumen.

Berberideen Vent.

Berberis L. Sauerdorn.
  B. vulgaris L. Erbselen. Häufig im Groß, auch an der Alp bei der Au.

Nymphaeaceen DC.

1. Nymphaea L. Smith. Seerose.
   N. alba L. Weiße Seerose. Soll in der Sihl vorkommen.
2. Nuphar Smith. Teichrose
   N. luteum Smith. Gelbe Teichrose. Wie die vorhergehende.

Papaveraceen DC.

1. Papaver L. Mohn.
   1. P. Rhoeas L. Klatschrose.
   2. P. dubium L. Ich fand beide einst auf der Langenrütt.
   3. P. somniferum L. Magsamen. Mit gefüllten Blumen cultivirt.
2. Chelidonium L. Schöllkraut.
   Ch. majus L. Gemein auf Schutt, an Mauern u. s. w.

Fumariaceen DC.

1. Corydalis DC. Hohlwurz. Lerchensporn.
   C. cava Schweigg. und Koerte. Im Fratergarten unter dem Roß-Kastanienbaum mit purpurnen und weißen Blüthen; wahrscheinlich auch auf Egg und a. a. O.

2. Fumaria L. Erdrauch. Taubenkropf.
F. officinalis L. Nicht selten an cultivirten Orten in den Klosterhöfen.

Cruciferen Juss.

1. Matthiola. R. Br.
   M. incana R. Br. „Baslernägeli." In Gärten und Töpfen gezogen.
2. Cheiranthus DC. L. Lack.
   Ch. Cheiri L. Levcoje. Wie die vorhergehende.
3. Nasturtium R. Br. Brunnenkresse.
   1. N. officinale R. Br. Häufig in Bächen und Gräben.
   2. N. palustre DC. Im Schachen, beim Marstall u. s. w.
4. Barbarea R. Br.
   B. vulgaris R. Br. Ungemein häufig an der Alp.
5. Arabis L. Gänsekraut.
   1. A. alpina L. Auf dem Tritt, in der Alp u. s. w., „auf der hohen Rhone".
   2. A. hirsuta Scop.
   3. A. ciliata R. Br.
6. Cardamine L. Schaumkraut.
   1. C. impatiens L.
   2. C. sylvatica L.
   3. C. hirsuta L. Auf Aeckern. Hat nur 4 Staubgefäße.
   4. C. pratensis L. Gemein in Wiesen; selten mit weißen Blüthen.
   5. C. amara L. Bei der Klostermühle.
7. Dentaria L. Zahnwurz.
   D. digitata Lam.
8. Hesperis L. Nachtviole.
   H. matronalis L. In den Klosterhöfen, wie verwildert; Blüthen lila oder weiß.
9. Sisymbrium L. Rauke.
   1. S. officinale Scop. An Wegen ꝛc.
   2. S. Alliaria Scop.
   3. S. Thalianum Gaud.
10. Erysimum L. Hederich.
    E. cheiranthoides L.

11. Brassica L. Kohl.
    1. B. oleracea L. Wird vorzüglich in folgenden Varietäten cult.:
        I. capitata = Kopfkohl.
            a. bullata = Wirsing; Chöhl. Als Zuthat in Suppen u. f. w.
            b. laevis = Kabis, zu Sauerkraut.
        II. Gongylodes L. = Br. ol. Caulo — rapa DC. = Kohlrabe.
        III. Cauliflora DC. = Blumenkohl. Karbiviol.
    2. B. Rapa L. var. esculenta vel rapifera = Räben.
    3. B. Napus L. var. esculenta vel rapifera = Bodenkohlrabe.
12. Sinapis L. Senf.
    S. arvensis L. Weg auf den Katzenstrick.
13. Lunaria L. Mondviole.
    L. rediviva L. H. u. Labr. u. H. Fl. S. 244.
14. Draba L. Hungerblümchen.
    1. D. aizoides L.
    2. D. verna L.
15. Cochlearia L. Löffelkraut.
    C. saxatilis Lam. Euthal.
16. Thlaspi L. Täschelkraut.
    1. Th. arvense L.
    2. Th. perfoliatum L.
17. Biscutella L. Brillenschote.
    B. laevigata L. Sihlthal.
18. Lepidium L. Kresse.
    1. L. sativum L. Gartenkresse cult. u. zufälligerweise verwildert
    2. L. campestre R. Br. Ich fand es am Horgenberg.
19. Hutschinsia R. Br.
    H. alpina R. Br. Auf dem Flußbrig.
20. Capsella Medicus. DC. Hirtentäschel.
    C. Bursa pastoris Mönch. „Teufels Geldsäckli." Ueberall, mit ganzrandigen, buchtiggezähnten und fiederspaltigen Blättern.
21. Raphanus L. Rettig.
    1. R. sativus L. Vorzüglich in folgenden 2 Varietäten gebaut:
        I. vulgaris = gemeiner Gartenrettig und
        II. Radicula DC. Monatrettig.

2. Fumaria L. Erdrauch. Taubenkropf.
F. officinalis L. Nicht selten an cultivirten Orten in den Klosterhöfen.

Cruciferen Juss.

1. Matthiola. R. Br.
M. incana R. Br. „Baslernägeli." In Gärten und Töpfen gezogen.
2. Cheiranthus DC. L. Lack.
Ch. Cheiri L. Levcoje. Wie die vorhergehende.
3. Nasturtium R. Br. Brunnenkresse.
   1. N. officinale R. Br. Häufig in Bächen und Gräben.
   2. N. palustre DC. Im Schachen, beim Marstall u. s. w.
4. Barbarea R. Br.
B. vulgaris R. Br. Ungemein häufig an der Alp.
5. Arabis L. Gänsekraut.
   1. A. alpina L. Auf dem Tritt, in der Alp u. s. w., „auf der hohen Rhone".
   2. A. hirsuta Scop.
   3. A. ciliata R. Br.
6. Cardamine L. Schaumkraut.
   1. C. impatiens L.
   2. C. sylvatica L.
   3. C. hirsuta L. Auf Aeckern. Hat nur 4 Staubgefäße.
   4. C. pratensis L. Gemein in Wiesen; selten mit weißen Blüthen.
   5. C. amara L. Bei der Klostermühle.
7. Dentaria L. Zahnwurz.
D. digitata Lam.
8. Hesperis L. Nachtviole.
H. matronalis L. In den Klosterhöfen, wie verwildert; Blüthen lila oder weiß.
9. Sisymbrium L. Rauke.
   1. S. officinale Scop. An Wegen 2c.
   2. S. Alliaria Scop.
   3. S. Thalianum Gaud.
10. Erysimum L. Hederich.
E. cheiranthoides L.

11. Brassica L. Kohl.
   1. B. oleracea L. Wird vorzüglich in folgenden Varietäten cult.:
      I. capitata = Kopfkohl.
         a. bullata = Wirsing; Chöhl. Als Zuthat in Suppen u. s. w.
         b. laevis = Kabis, zu Sauerkraut.
      II. Gongylodes L. = Br. ol. Caulo — rapa DC. = Kohlrabe.
      III. Cauliflora DC. = Blumenkohl. Kardiviol.
   2. B. Rapa L. var. esculenta vel rapifera = Räben.
   3. B. Napus L. var. esculenta vel rapifera = Bodenkohlrabe.
12. Sinapis L. Senf.
    S. arvensis L. Weg auf den Katzenstrick.
13. Lunaria L. Mondviole.
    L. rediviva L. H. u. Labr. u. H. Fl. S. 244.
14. Draba L. Hungerblümchen.
    1. D. aizoides L.
    2. D. verna L.
15. Cochlearia L. Löffelkraut.
    C. saxatilis Lam. Euthal.
16. Thlaspi L. Täschelkraut.
    1. Th. arvense L.
    2. Th. perfoliatum L.
17. Biscutella L. Brillenschote.
    B. laevigata L. Sihlthal.
18. Lepidium L. Kresse.
    1. L. sativum L. Gartenkresse cult. u. zufälligerweise verwildert
    2. L. campestre R. Br. Ich fand es am Horgenberg.
19. Hutchinsia R. Br.
    H. alpina R. Br. Auf dem Flußbrig.
20. Capsella Medicus. DC. Hirtentäschel.
    C. Bursa pastoris Mönch. „Teufels Geldsäckli." Ueberall, mit
    ganzrandigen, buchtiggezähnten und fiederspaltigen Blättern.
21. Raphanus L. Rettig.
    1. R. sativus L. Vorzüglich in folgenden 2 Varietäten gebaut:
       I. vulgaris = gemeiner Gartenrettig und
       II. Radicula DC. Monatrettig.

2. R. Raphanistrum L. Häufig im Rabennest, mit weißen, violettaderigen Blüthen.

Cistineen Dunal.

Helianthemum Tournef. DC. Sonnenröschen.
  H. vulgare Gaertn. Horgenberg; Tritt; Sattelalp; Hummel ꝛc. variirt sehr.

Violariceen DC.

Viola L. Veilchen.
1. V. palustris L. Im Schachen u. a. a. O. nicht selten. Auch H. Fl. u. M. Fl. geben sie als in Einsiedeln wachsend an.
2. V. hirta L. Rabennest u. s. w.
3. V. odorata L. „Biöndli". Am Etzel; im Hof der Beichtkirche u. s. w.
4. V. sylvestris L. ⎱ Spezifisch kaum verschieden. Häufig auf
5. V. canina L. ⎰ dem Freiherrenberg, Horgenberg u. s. w.
6. V. biflora L. Nicht selten hinter der Ziegelhütte, in Eck, gegen Alpthal u. s. w.
7. V. tricolor L. Stiefmütterchen.
  α. Vulgaris. In Gärten und zuweilen verwildert.
  β. Arvensis Murr. Auf Aeckern hin und wieder, z. B. Horgenberg.

Resedaceen DC.

Reseda L. Reseda.
R. odorata L. Häufig cultivirt.

Droseraceen DC.

1. Drosera L. Sonnenthau.
1. D. rotundifolia L. Im Schachen „In den Torfsümpfen um Einsiedeln." Vorr. und Beitr. S. 244.
2. D. longifolia L. Mit der vorigen. H Beitr. und Vorrede. Var. β. obovata M. u. K. „Bei Einsiedeln."
3. D. intermedia Hayne. „Bei Einsiedeln neben Lysimachia thyrsiflora u. Malaxis (Sturmia) Loeselii an nassen, etwas beschatteten Stellen." H. Fl. u. M Fl.
2. Parnassia L. Leberblume.
P. palustris L. Freiherrenberg, Bolzberg u. s. w. ziemlich häufig.

Polygaleen Juss.

Polygala L. Kreuzblume.
1. P. vulgaris L. Gemein, mit blauen und rothen Blüthen.
2. P. Amara L. Häufig; mit weißlichen und bläulichen Blüthen var. V. alpestris Reichb.
3. P. Chamaebuxus L. Freiherrenberg (östliche Seite), Sommerig u. s. w.

Sileneen DC.

1. Gypsophila L. Gypskraut.
   G. repens L. In der Sihl, besonders unterhalb der Teufelsbrücke, wo sie ganze Rasenplätze bildet; geht bis nach Zürich. H. Fl.
2. Dianthus L. Nelke.
   1. D. sylvestris Wulf. Fluhbrig. Cultivirt werden:
   2. D. barbatus L.
   3. D. Caryophyllus L. Nägeli.
   4. D. plumarius L. Kirchhof.
   5. D. chinensis L. Chineserli.
3. Saponaria L. Seifenkraut.
   1. S. Vaccaria L. Ich fand sie 1853 auf der Ostseite des bei Einsiedeln gelegenen Vogelherdes, wo dazumal Getreide gepflanzt wurde; seitdem nicht mehr.
   2. S. officinalis L. In Gärten; ob auch freiwachsend?
4. Silene L. Leimkraut.
   1. S. nutans L. Freiherrenberg; Tritt; Hummel; Sattelalp u. s. w.
   2. S. inflata Smith. „Klöpferli." Horgenberg und anderwärts.
   3. S. quadrifida L. Sihlthal.
   4. S. acaulis L.
5. Lychnis DC. Lichtnelke.
   1. L. Flos cuculi L. „Guggerblume." Gemein.
   2. L. diurna Sibth. „Fleischblume." Noch häufiger als die vorhergehende.
   3. L. chalcedonica L. „Feurige Liebe." In Gärten cultivirt.
6. Agrostemma L. Raden.
   A. Githago L. Horgenberg unter der Saat.

Alsineen DC.

1. Sagina L. Mastkraut.
   1. S. procumbens L.
   2. S. nodosa E. Meyer. Diese (oder die vorhergehende) häufig im untern Studentenhof.
2. Spergula L. Spark.
   Sp. arvensis L. Ungemein häufig auf dem Booli (beim Kreuz); auch auf dem Katzenstrick (um die neue Kapelle); beim Galgenkappeli u. f. w.
3. Alsine Wahlenb. Miere.
   A. verna Bartl. var. Auf dem Aubrig nach G. synops. unter dem Namen Arenaria verna L. d. saxatilis.
4. Moehringia L.
   1. M. muscosa L. Tritt; Sattelalp; Steinbachfluh u. f. w. bis in die Ebene.
   2. M. trinervia Clairv.
5. Arenaria L. Sandkraut.
   1. A. serpyllifolia L.
   2. A. ciliata L.
6. Stellaria L. Sternmiere.
   1. St. nemorum L. Sihlthal.
   2. St. media Vill. „Vögelikrut." Gemein.
   3. St. graminea L. Ziemlich häufig.
   4. St. uliginosa Murr.
7. Malachium Fries. Weichkraut.
   M. aquaticum Fries.
8. Cerastium L. Hornkraut.
   1. C. glomeratum Thuill. Nicht selten.
   2. C. triviale Link. Gemein. Eine monströse Form (von einem Coccus herrührend?) fand ich den 11. Juli 1861 auf der Eselweid.
   3. C. arvense L.

Lineen DC.

Linum L. Flachs.
1. L. usitatissimum L. Cultiv. Horgenberg; Schnabelsberg 2c.
2. L. catharticum L. Ziemlich häufig an Bergabhängen.

Malvaceen R. Br.

1. Malva L.
   1. M. sylvestris L. An cultiv. Orten. In den Klosterhöfen.
   2. M. vulgaris Fries. Häufig.
2. Althaea L. Eibisch.
   1. A. officinalis L. „Ibschgen." In Bauerngärten u. s. w. Groß bis Enthal u. s. w.
   2. A. rosea L. Cav. Herbstrose. In den meisten größern Gärten.

Tiliaceen Juss.

Tilia L. Linde.
1. T. grandifolia Ehrh. In Anlagen.
2. T. parvifolia Ehrh. Ein großer Baum im Landgut der Hrn. Benziger.

Hypericineen DC.

Hypericum L. Hartheu.
1. H. perforatum L. Häufig Katzenstrick u. s. w.
2. H. quadrargulum L.
3. H. tetrapterum Fries. An Gräben und Wegen nicht selten.
4. H. montanum L.

Acerineen DC.

Acer L. Ahorn.
1. A. Pseudoplatanus L.
2. A. platanoides L.
3. A. campestre L.

Hippocastaneen DC.

Aesculus L. Roßkastanie.
Ae. Hippocastanum L. In Klostergärten.

Ampelideen Humb. Bonpl. u. Kunth.

1. Ampelopsis Mich. Zaunrebe.
   A. hederacea Mich. Im Herrengarten u. s. w.
2. Vitis L. Weinrebe.
   V. vinifera L. Cultivirt im Herrengarten. Verflossenen Herbst (1863) sammelte man die ersten reifen Trauben.

Geraniaceen DC.
1. Geranium L. Storchschnabel.
   1. G. sylvaticum L. Gemein in Wiesen. Hegetschw. Beiträge, S. 244. K. Geßner machte die richtige Beobachtung, daß Geranium sylvaticum solche Standorte liebe, wie Polygonum Bistorta, Hort. Germ. „Geranii species tertia."
   2. G. palustre L.
   3. G. pyrenaicum L.
   4. G. dissectum L.
   5. G. columbinum L.
   6. G. molle L.
   7. G. robertianum L. An Mauern und feuchten Orten gemein.
2. Pelargonium L'Her. Von dieser Gattung werden einige Arten in Töpfen cultivirt.

Teopeoleae Juss.
Tropaeolum L. Kapuzinerkresse.
   Tr. majus L. „Kapuzinerli." Häufig in Gärten und Töpfen cultiv.

Balsamineen A. Rich.
Impatiens L. Springkraut.
   1. I. noli tangere L. Hinter der Ziegelhütte, in den Klosterhöfen 2c.
   2. I. Balsamina L. Beliebte Zierpflanze in Gärten.

Oxalideen DC.
Oxalis L. Sauerklee.
   O. Acetosella L. Gemein in Wäldern und an Zäunen. —

B. Calycifloren.

Celastrineen R. Br.

Evonymus L. Spindelbaum.
1. E. europæus L. „Pfaffenkäppli." Am Etzel.
2. E. latifolius Scop. „Am Etzel." H. Fl.; M. Fl.

Rhamneen R. Br.

Rhamnus L. Wegdorn.
1. Rh. cathartica L.
2. Rh. pumila L.
3. Rh. Frangula L. Faulbaum. Im Schachen, am Schnabelberg u. s. w.

Papilionaceen L.

1. Ononis L. Heuhechel.
   1. O. spinosa L.) Beide häufig zw. Egg u. Teufelsbrücke u.
   2. O. repens L.) anderwärts.
2. Anthyllis L. Wundklee.
   A. Vulneraria L. Ungemein häufig am Horgenberg u. s. w.
      Die var. alpestris Hegetschw. findet sich in der Alp und anderswo.
3. Medicago L. Schneckenklee.
   1. M. sativa L. Bei der Klostermühle. (Luzerne.)
   2. M. falcata L. Sichelklee.
   3. M. lupulina L. Hopfenklee.
   4. M. intertexta Willd. cultiv. (Christuskrone.) Blätter blutroth gefleckt.
4. Melilotus Tournef. Lam. Honigklee. Steinklee.
   1. M. macrorrhiza Pers. Im Rabennest.
   2. M. alba Desr.
5. Trifolium L. Klee.
   1. T. pratense L. Rother Klee, gemein in Wiesen.
   2. T. nadium L.
   3. T. arvense L.

4. T. fragiferum L.
5. T. montanum L. An der Sihl und anderswo.
6. T. repens L. Weißer Klee. Nach T. pratense die häufigste Kleeart.
7. T. caespitosum Reyn.
8 T. spadiceum L. Sihlthal.
9. T. badium Schreb. Westseite der Sattelalp, Hummel.
10. T. agrarium L. ⎫
11. T. procumbens L. ⎬ Nicht selten.
12. T. filiforme L. ⎭
6. Lotus L. Schotenklee.
  1. L. corniculatus L. Freiherrenberg u. s. w. gemein.
  2. L. uliginosus Schkuhr. Nicht selten an feuchten Orten.
7. Tetragonolobus Scop. Spargelerbse.
  T. siliquosus Roth.
8. Phaca L. Berglinse.
  Ph. frigida L.
9. Oxytropis DC. Spitzkiel.
  O. montana DC
10. Astragalus L. Tragant.
  A. glycyphyllus. L.
11. Coronilla .L. Kronwicke.
  1. C. Emerus. L. Im Herrengarten, aber auch freiwachsend.
  2. C. vaginalis Lam. Auf der Sattelalp.
12. Hippocreppis L. Hufeisenklee.
  H. comosa L. Sattelalp bis in die Ebene u. s. w.
13. Onobrychis Tournef. Esparsette.
  O. sativa Lam. Am Schnabelberg u. s. w.
14. Vicia L. Wicke. (Nach dem Lateinischen.)
  1. V. sylvatica L.
  2. V. dumetorum L,
  3. V. Crocca L. Sehr häufig in Wiesen.
  4. V. Faba L. Cultivirt. „Saubohne."
  5. V. sepium L. An Hecken und in Wiesen gemein.
15. Pisum L. Kiefel.
  P. arvense (u. sativum?) L. Schübl. u. Mart. ziemlich allgemein cultiv.

16. Lathyrus L. Platterbſe.
    L. pratensis L. In Wieſen.
17. Orobus L. Walderbſe. Nach Koch von der vorhergehenden generiſch nicht verſchieden.
    O vernus L. Rabenneſt, bei der Teufelsbrücke u. ſ. w.
18. Phaseolus L. Bohne.
    Ph. vulgaris L. Stangenbohne. Winderbſe, cultiv.
       var. nanus L. Grupperli, cult.

Amygdaleen Juss.

Prunus L. Pflaume (u. Kirſche.)
   1. P. spinosa L. Schlehen. Horgenberg bis Teufelsbrücke u. ſ. w.
   2. P. domestica L. Zwetſche. cult.
   3. P. avium L. Hölle, Wähne, Etzel, Fratergarten. „Kirſchen." cult.
   4. P. Padus L. In Hecken, ſtellenweiſe häufig. „Traubenkirſche."

Rosaceen Juss.

1. Spiraea L.
   1. Sp. salicifolia L. In Gärten und Anlagen.
   2. Sp. Aruncus L. In Tobeln des Freihbrgs. Bolzbrgs. ꝛc.
   3. Sp. Ulmaria L. Gemein, beſonders Horgenberg und in den Dümpflen.
2. Dryas L.
   D. ortopetala. L. Tritt, bis nach Trachslau hinunter ꝛc.
3. Geum L.
   1. G. urbanum L. An Mauern und Hecken.
   2. G. rivale L. häufig an Bächen. — Eine Hybride Form fand ich in Egg.
4. Rubus L. Brombeeren.
   1. R. Idaeus L. Himmbeere. Freiherrenberg. u. ſ. w. ziemlich häufig.
   2. R. fruticosus L. Eigentl. Brombeere.
       α tomentosus.
       β discolor.   } Hegetſchw. Beitr. S. 244.
       γ glandulosus.

    δ aciculatissimus.
    ε muricatus.   } Hegetschw. Beitr. S. 244.
    ζ glabratus.
  3. R. plicatus Weihe u. Nees v. Esenb. = R. fructicosus L. I. A. 2. nach Garcke. „Inter Richterschweil et Einsiedeln." Gaudin Synops.
  4. R. caesius L.
  5. R. saxatilis L.
  6. R. odoratus L. Als Zierstrauch cultiv.

5. Fragaria L. Erdbeere.
  1. F. vesca L. Gemein.
  2. F. virginiana Ehrh. Cult.?

6. Comarum L.
  C. palustre L. Häufig im Schachen u. s. w.

7. Potentilla L. Fingerkraut.
  1. P. anserina L. Häufig an Wegen ꝛc.
  2. P. reptans L. An der Alp u. s. w.
  3. P. Tormentilla Sibth. = Tormentilla erecta L. Rothwurz. Ungemein häufig auf b. Freiherrenberg u. s. w.
  4. P. aurea L. Ebenfalls auf dem Freiherrenberg wie auch die folgende.
  5. P. verna L. Ziemi. häufig.
  6. P. grandiflora L
  7. P. Fragariastrum Ehrh.

8. Agrimonia L. Obermennig.
  A. Eupatoria L. Rabennest. Katzenstrick sehr zerstreut.

9. Rosa L. Rose.
  1. R. alpina L. Hegetschw. Beitr. S. 244.
  2. R. rubrifolia Heg. an etiam Vill? Heg. Beitr. S. 244.
  3. R. glandelosa Heg. an etiam Bellardi? Heg. Beitr. S. 244.
  4. R. canina L. Hundsrose.
    α glabra.
    β glauca.
    γ rubrifolia s. oben. } Heg. Beitr. S. 244.
    δ subvillosa.
    ε subglandulosa.

5. R. arvensis Huds. Ackerrose. } Hegetschw. a. a. O.
α glandulosa f. oben.

Cultivirt werden:

6. R. centifolia L.
7. R. alba L. Nach Koch (Synopsis) nichts anderes als eine Varietät der Rosa canina L. γ. collina. Im Studentengarten.
8. R. damascena Mill.

Sanguisorbeen Lindl.

1. Alchemilla L. Frauenmantel. Sinau.
   1. A. vulgaris L. Löwenfuß. Gemein. Gutes Futterkraut.
   2. A. alpina L. Tritt, Sattelalp 2c., aber auch „auf Kreuz" bei Dorf Einsiedeln.
2. Sanguisorba L. Wiesenknopf.
   S. officinalis L. Häufig längs der Sihl u. s. w.
3. Poterium L. Becherblume.
   P. Sanguisorba L. Schnabelberg, Horgenberg u. s. w. nicht selten.

Pomaceen Lindl.

1. Crataegus L. Weißdorn.
   1. C. Oxyacantha L. In Hecken gemein. Heg. Beitr. S. 244.
   2. C. Monogyna Jacq. var. Macrocarpa Heg. Beitr. S. 244. „am Etzel und gegen Einsiedeln." Heg. Flora.
2. Pyrus L. Birn und Apfelbaum.
   1. P. communis L. Cult. Birnbaum.
   2. P. Malus L. Apfelbaum. Wild am Schnabelberg und bei Egg 2c.
3. Aronia Pers. Nach Koch. Felsenmispel.
   A. rotundifolia Pers. Euthal, Mythen.
4. Sorbus L. Eberesche.
   1. S. aucuparia L. Freiherrenberg u. s. w. nicht selten; auch cultivirt.

2. S. Aria Crontz. Wie die vorige. „In der Hölle." Auch cultivirt.
3. S. Chamaemespilus Crantz.

Onagrarien Juss.

1. Fuchsia L.
   F. coccinea Ait. Beliebte Zierpflanze.
2. Epilobium L. Weidenröschen.
   1. E. angustifolium L. Ungemein häufig am Freiherrenberg, Bolzberg u. s. w.
   2. E. Dodonaei Vill. In der Alp, vis à vis der Au.
   3. E. hirsutum L. Heg. Beitr. S. 243.
   4. E. parviflorum Schreb.
      α pubescens.
      β molle. } Heg. Beitr. S. 243 u. 244.
      γ rivulare.
   5. E. tetragonum L. S. Fl.; H. Beitr. u. Fl.; M. Fl.
   6. E. montanum L. Beiträge S. 243 u. 244.
      var. foliis verticillatis. Herbar. von P. Athanas und P. Bonifaz.
   7. E. palustre L. Im Schlagberg. (Schlapprig.) Heg. Beitr. S. 244.
   8. E. roseum L. Heg. Beitr. S. 243.
   9. E. trigonum Schrank.
   10. E. origanifolium Lam.
   11. E. alpinum L.
3. Circaea L. Hexenkraut.
   1. C. lutetiana L. Waldsaum hinter dem Kloster u. s. w.
   2. C. intermedia Ehrh.
   3. C. alpina L. „Schweizerhacken." Suter, Flora; Moritzi, Flora.

Halorageen R. Br.

Myriophyllum L. Tausendblatt.
   1. M. verticillatum L.
   2. M. spicatum L.

Callitrichineen Link.

Callitriche L. Wasserstern.
1. C. stagnalis Scop.
2. C. vernalis Kütz.
3. C. hamulata Kütz.

Lythraricen Juss.

Lythrum L. Weiderich.
L. Salicaria L. Im Schachen u. a. O. häufig.

Philadelpheen Don.

Philadelphus L. Pfeiffenstrauch.
Ph. coronarius L. Herrengarten.

Cucurbitaceen Juss.

Cucurbita L. Kürbis.
C. Pepo L. Seit Jahren im Herrengarten.
Bryonia L. Zaunrübe.
B. alba L. (oder dioica Jacq.) In Klostergärten an Mauern. Ich schreibe diese nur aus der Erinnerung auf und weiß nicht, ob es die weiße oder zweihäusige Zaunrübe sei.

Crassulaceen DC.

Sedum L. Fetthenne.
1. S. Telephium L. Ich fand ein einziges, noch nicht blühendes Exemplar am Freiherrenberg, auf der Seite gegen „Groß."
2. S. hispanicum L. „In den Thälern von Schwyz." H. Fl. M. Fl. S. stellatum L. wurde lange Zeit als auf dem Aubrig wachsend angegeben, auf welchem es Joh. Geßner gefunden haben wollte, — (S. Fl.) bis diese Angabe von Hegetschweiler (Reisen in den Gebirgsstock zwischen Glarus und Graubündten) dahin berichtigt wurde, daß das vermeintliche Sedum stellatum des Aubrig nichts anderes als S. hispanicum L. sei (A. a. O. S. 192.)
3. S. villosum L. Häufig gegen Trogloßen, beim Galgenkappeli, aber auch im Bolzberg, bei der Ziegelhütte des Klosters — hier jedoch vereinzelt: „Prope Einsiedlen" S. Fl.; „die verlängerte Form bei Einsiedeln." H. Fl.; M. Fl.

4. S. atratum L. Auf den Alpen.
5. S. album L. Mauern.
6. S. dasyphyllum L. Klostermauern.
7. S. sexangulare L.

Grossularieen DC.

Ribes L. Johannis- und Stachelbeere.
1. R. Grossularia L. In Gärten.
   Eine Stachelbeerhecke findet man in der „Dümpflen."
2. R. alpinum L. Im Fratergarten. (Beeren schleimig.)
3. R. rubrum L. Johannisträubchen häufig cult.
4. u. 5. R. sanguineum u. aureum Pursh. (Hofgarten u. s. w.)

Saxifrageen Vent.

1. Hydrargea L. Hortensie.
   H. hortensis Smith. In Töpfen zieml. allgemein cult.
2. Saxifraga L. Steinbrech.
   1. S. Aizoon Jacq. Sattelalp u. s. w.
   2. S. unitata L. „Etzel." H. Fl.; M. Fl.
   3. S. oppositifolia L.
   4. S. aizoides L. In der Alp, im Großbach u. s. w. häufig.
   5. S. stellaris L.
   6. S. rotundifolia L. Bolzberg, Tritt, Hummel, Sattelalp u. s. w.
3. Chrysosplenium L. Milzkraut.
   Ch. alternifolium L. Ungemein häufig an Bächen und feuchten Orten. H. Beitr. S. 243.

Umbelliferen Juss.

1. Sanicula L.
   S. europaea L. Freiherrenberg u. s. w. gemein.
2. Astrantia L.
   A. major L.
3. Cicuta L. Wasserschierling.
   C. virosa L.
4. Apium L. Sellerie.
   A. graveolens L. Zum Küchengebrauche cultivirt.

5. Petroselinum Hoffm. Peterſilien.
   P. sativum Hoffm. Wie die vorige.
6. Aegopodium L. Geißfuß.
   Ae. Podagraria L. Unkrautartig in Gärten.
7. Carum L. Kümmel.
   C. Carvi L. Häufig auf dem Brühl, wo die Früchte fleißig geſammelt werden.
8. Pimpinella L. Bieberneﬂ.
   1. P. magna L.
   2. P saxifraga L.
9. Bupleurum L. Haſenohr.
   1. B. ranunculoides L. Nach Heg. u. Moritzis Flora auf den Schwyzeralpen; dürfte in unſerm Gebiete auch noch gefunden werden.
   2. B. longifolium L. H. Beitr. S. 243. In der Flora gibt Heg. als Standort an: „Bei der Teufelsbrücke unweit Einſie=deln," wo ich es ebenfalls fand.
10. Aethusa L. Gleiſte, Hundspeterſilie.
    Ae. Cynapium L. Unkrautartig. Nicht zu verwechſeln mit Petroselinum sativum!
11. Foeniculum Hoffm. Fenchel.
    F. officinale Alb. In Gärten.
12. Athamanta Koch. Augenwurz.
    A. cretensis L.
13. Meum Tournef. Bärenwurzel.
    1. M. athamanticum Jacq. Ziemlich häufig auf dem Freiher=renberg, beſonders auf der nördl. und weſtl. Seite.
    2. M. Mutellina Gaertn.
14. Selinum L. Silge.
    S. Carvifolia L.
15. Angelica L.
    1. A. sylvestris L.
    2. A. montana Schleich.
16. Thysselinum Hoffm. Olſenik.
    Th. palustre Hoffm.

17. Anethum L. Hoffm. Dill.
A. graveolens L. Herrengarten.
18. Pastinaca L.
P. sativa L. Herrengarten, zum Küchengebrauch gezogen; ob auch freiwachsend?
19. Heracleum L. Heilkraut.
H. Sphondylium L. Schärlig, beliebtes Kaninchenfutter.
20. Laserpitium L. Laserkraut.
L. latifolium L.
21. Daucus L. „Rüebli."
D. Carota L. Cultivirt, aber auch wildwachsend gegen Brunnern u. f. w.
22. Torilis Adans. Hoffm. Borstdolbe.
T. Anthriscus Gmel. An Hecken u. f. w. nicht selten.
23. Anthriscus Hoffm. Klettenkerbel.
A. sylvestris Hoffm. Ueberall in Wiesen.
24. Chaerophyllum L. Kälberkropf.
1. Ch. temulum L.
2. Ch. aureum L.
3. Ch. Villarsii Koch.
4. Ch. hirsutum L.
25. Myrrhis Scop. Süßdolbe.
M. odorata Scop. In einigen Klosterhöfen vielleicht einmal cultivirt, jetzt aber verwildert und große Strecken überwuchernd.
26. Conium L. Schierling.
C. maculatum.

Araliaceen Juss.

Hedera L. Epheu.
H. Helix L. Freiherrenberg und anderswo, aber ziemlich spärlich. Mit Blüthen und Früchten sah ich sie hier noch nie.

Corneen DC.

Cornus L. Hartriegel.
1. C. sanguinea L.

2. C. mas. L. Kornelkirschenbaum. Thierlibaum. Eine künstliche Hecke im Herrengarten, mit C. sanguinea untermischt. Trug 1863 reife Früchte.

Loranthaceen Don.

Viscum L. Mistel.
V. album L. Aeußerst selten.

Caprifoliaceen Juss.

1. Adoxa L. Bisamkraut.
    A. Moschatellina L. Hier selten; nur in Albegg und im Euthal gefunden.
2. Sambucus L. Hollunder.
    1. S. Ebulus L. Stellenweise häufig, z. B. auf Brunnern, Katzenstrick, Freiherrenberg 2c.
    2. S. nigra L. Klosterhöfe, Hinterhorgen an der Sihl u. f. w.
    3. S. racemosa L. Freiherrenberg u. f. w. In Gärten cultivirt.
3. Viburnum L. Schneeball.
    1. V. Lantana L. Freiherrenberg u. a. a. O.
    2. V. Opulus L. In Hecken, z. B. gegen Brunnern, hinter dem Birchli u. f. w.
        β roseum L. In Gärten.
4. Lonicera L.
    1. L. Periclimenum L. In Gärten; ob auch spontan?
    2. L. xylosteum L. Freiherrenberg, Horgenberg u. f. w. „Am Etzel." H. Beitr. S. 243.
    3. L. nigra. L. „Am Etzel," H. Beitr. S. 243.
    4. L. coerulea L. „Am Etzel." H. Fl.; M. Fl.
    5. L. alpigena L. „Am Etzel." H. Beitr. S. 243 u. Fl.; M. Fl.

Stellaten L.

1. Asperula L. Waldmeister.
    1. A. taurina L. „Am Fuß der Schwyzeralpen ziemlich häufig." H. Fl.; M. Fl.
    2. A. odorata L. Freiherrenberg u. f. w. häufig.
2. Galium L. Labkraut.
    1. G. Cruciata Scop. An Hecken, gegen dem Birchli u. f. w.

2. G. Aparine L. Wie die vorige. Die reifen Früchte hängen sich an die Kleider.
3. G. uliginosum L. } Im Schachen.
4. G. palustre L.
5. G. rotundifolium L. Häufig auf dem Freiherrenberg u. s. w. „Um Einsiedeln." H. Fl.; M. Fl.
6. G. verum L.
7. G. Mollugo L.
8. G. sylvestre Poll. Gemein.
   β. alpestre. } Am Etzel, H. Beitr. S. 243.
   γ. supinum.

Valerianeen DC.

1. Valeriana L. Baldrian.
  1. V. officinalis L. Dümpflen u. a. a. O.
  2. V. dioica L. Wo die vorige; sehr häufig.
  3. V. tripteris L. Auf dem Tritt u. s. w. Rabennest.
2. Valerianella Pollich. Lämmersalat, Nüsslisalat.
  V. olitoria Mönch. Herrengarten.

Dipsaceen DC.

1. Dipsacus L. Karden.
  1. D. sylvestris Mill.
  2. D. pilosus L.
2. Knautia Coult.
  1. K. sylvatica Dub. } Freiherrenberg und anderswo nicht selten.
  2. K. arvensis Coult.
3. Succisa M. u. K. Teufelsabbiß.
  S. pratensis Mönch. Häufig am Bolzberg, auf dem Freiherrenberg u. s. w.
4. Scabiosa R. u. Sch.
  1. S. Columbaria L. Birchli u. s. w.
  2. S. lucida Vill.

Compositen Adans.

1. Eupatorium L. Wasserdost.
  E. cannabinum L.

2. Adenostyles Cass. Drüsengriffel.
   1. A. albifrons Reichenb.
   2. A. alpina Bl. Und Fingerh.
3. Homogyne Cass.
   H. alpina Cass. Häufig auf dem Freiherrenberg u. f. w.
4. Tussilago L. Huflattig.
   T. Farfara L. Häufig auf lehmigem Grund und in Aeckern.
5. Petasites Gaertn. Pestwurz.
   1. P. officinalis Mönch. Massenhaft im Willerzell, Groß u. f. w.
   2. P. albus Gaertn. Freiherrenberg u. f. w. „Hermaphrod. et Foem." H. Beitr. S. 244.
   3. P. niveus Baumg.
6. Aster L.
   1. A. alpinus L.
   2. A. chinensis DC. Gartenaster cultivirt.
7. Bellidiastrum Cass.
   B. Michelii Cass. Auf den Bergen häufig.
8. Bellis L. Gänseblümchen. Maßlieben.
   B. perennis L. Ueberall.
9. Erigeron L. Berufkraut.
   1. E. canadensis L.
   2. E. acris L. Horgenberg und anderwärts.
   3. E. dröbachensis Mill. In der Alp.
   4. E. alpinus L. Steinbachfluh u. f. w.
10. Solidago L. Goldruthe.
    1. S. Virga aurea L. Freiherrenberg ꝛc.
    2. S. canadensis L. Cultivirt.
11. Buphthalmum L. Rindsauge.
    B. salicifolium L.
12. Inula L. Alant.
    I. Conyza DC.
13. Pulicaria Gaertn. Flöhkraut.
    P. dysenterica Gaertn.
14. Bidens L. Zweizahn.
    1. B. tripartita L. Gräben, Schachen u. f. w.

2. B. cernua L. Mit der Vorigen.
   var. β. radiata. Ath. u. Bf.
15. Helianthus L. Sonnenblume.
    H. annuus L. Hie und da cultivirt; Vaterland Meriko.
16. Georgina Willd. Dahlie.
    G. variabilis W. Cult. 1790 ebenfalls aus Meriko gebracht.
17. Calliopsis Rechb. Schönauge.
    C. bicolor Rechb. Cult. „Herrengarten."
18. Tageles L. Sammt- oder Todtenblume.
    T. erecta L. Im Herrengarten.
19. Gnaphalium L. Ruhrkraut.
    1. G. sylvaticum L. Freiherrenberg u. s. w.
    2 G. uliginosum L.
    3. G. dioicum L. Ungemein häufig vom Booli auf den Freiherrenberg u. s. w.
    4. G. margaritaceum L. Herrengarten, Fratergarten.
20. Artemisia L. Beifuß.
    1. A. Abrotanum L. Im Herrengarten.
    2. A. vulgaris L. In Gartenwegen verwildert.
21. Tanacetum L. Rainfarn.
    T. vulgare L. Freiwachsend oberhalb „Gott Vater," sonst in Gärten.
22. Achillea L. Schafgarbe.
    1. A. Ptarmica L. Sehr vereinzelt in der Dümpflen, an der Alp.
    2. A. Millefolium L. Sehr gemein u. s. w.
23. Anthemis L.
    A. Cotula L. „Bei der Klostermühle." Ath. u. Bf.
24. Matricaria L. Kamille.
    M. Chamomilla L. An cult. Orten, jedoch nicht häufig.
25. Chrysanthemum L. Wucherblume.
    1. Ch. Leucanthemum L. Freiherrenberg u. s. w. gemein.
    2. Ch. montanum L.
    3. Ch. coronopifolium Will.
26. Arnica L. Wolverley.
    A. montana L. Vom Booli bis auf den Freiherrenberg in Gesellschaft von Gnaphalium dioicum häufig.

27. Senecio L. Kreuzwurz.
 1. S. vulgaris L. Lästiges Unkraut in Gärten.
 2. S. erucaefolius L.
 3. S. Jacobaea L. Eine dieser beiden am Katzenstrick.
 4. S. aqualicus Huds.
 5. S. cordatus Koch. Bei der Ziegelhütte u. f. w. Aber auch auf den Alpen.
  Varietatem circa Einsidlen occurentem, foliis superioribus vario modo laciniatis, inferioribus integris profunde dentatis observavit Dominus Gagnebin. Maur. Ant. Cappeller, Pilati montis Historia p. 99.
 6. S. nemorensis L. d. Fuchsii = S. Fuchsii Gmel.
28. Calendula L. Ringelblume.
 C. officinalis L. Häufig in Gärten.
29. Cirsium Tournef. Kratzdistel.
 1. C. lanceolatum Scop. Bei der Ziegelhütte u. f. w
   b. araneosum. „Einsiedeln." Nägeli, Cirsien der Schweiz.
 2. C. nemorale Rechb. „Sihlthal." Nägeli, Dispositio specierum generis Cirsii bei Koch: Synopsis florae Germ. et Helv. ed. 2. = C. lanigerum (b. sylvestre) „Stuben." Nägeli a. a. O.
 3. C. palustre Scop. In sumpfigen Wiesen häufig. Ziegelhütte. (=)
   γ. putatum Näg. „Stuben, Einsiedeln." Näg. a. a. O.
   b glomeratum Näg. „Stuben." Näg. a. a. O.
 4. C. rivulare Link. „In Wiesen um Einsiedeln." H. Beitr. S. 244, unter dem Namen C. tricephalodes — und Flora. „Ziemlich häufig bei Einsiedeln." M. Fl.
   a. salisburgense Willd. „Stuben." Näg. a. a. O.
   b. tricephalodes Näg. „Einsiedeln." Näg. a. a. O.
 5. C. oleraceum Scop. Gemein in Wiesen; Ziegelhütte.
   e. frigidum Näg. „Stuben." Näg. a. a. O.
 6. C. spinosissimum Scop. Nicht selten an höhern Orten.
 7. C. acaule All.
 8. C. arvense Scop. Gegen die Teufelsbrücke. In Einsiedeln bei der Ziegelhütte u. f. w.

Hybride Formen.

9. C. subalpinum Gaud.
   I. C. palustri-rivulare. „Katzenstrick." Näg. Cirsien der Schw. „Im Sihlthal mit den Eltern." Näg. bei Koch; M. Fl.
   b. putatum Näg. „Katzenstrick." Näg. Cirs. b. Schw.
   B. recedens (ad rivulare) Näg. „Sihlthal." Näg. bei Koch.
   II. C. rivulari-palustre. „Im Sihlthal mit den Eltern." Näg. bei Koch.
10. C. hybridum Koch. = C. oleraceo-palustre Näg. = Cnicus palustri-oleraceus Schiede.
    a. C. oleraceo-paniculatum. „Schindellegi." Näg. a. a. O.
    β. putatum. „Schindellegi." Näg. a. a. O.
    b. C. oleraceo-glomeratum = C. lacteum Koch. „Einsiedeln." Näg. a. a. O.
    b. putatum. „Einsiedeln." Näg. a. a. O.
    c. C. frigido-glomeratum. „Stuben." Näg. a. a. O.
11. C. praemorsum Michl. = C. oleraceo-rivulare DC. „Einsiedeln." Näg. M. Fl. (=?) C. e rivulari et oleraceo. „Im Sihlthal." Näg. bei Koch.
    a. C. oleraceo-salisburgense. Näg. „Einf." Näg. Cirs. b. Schw.
    b. C. oleraceo=tricephalodes.   „   „   „   „   „
    B. recedens (ad rivulare)   „   „   „   „   „
    c. C. frigido-salisburgense Näg. Stuben „   „   „   „
    recedens (ad salisburgense).   „   „   „   „ „ „
12. C. decoloratum Koch = C. acauli-oleraceum = C. rigens Wallr. „In Wiesen um Einsiedeln." H. Beitr. S. 244.

30. Silybum Gaertn. Marienbistel.
    S. marianum Gaertn. Früher in Klosterhöfen verwildert.
31. Carduus L.. Distel.
    1. C. Personata Jacq.
    2. C. defloratus L.
    3. C. nutans L.
32. Lappa Tournef. Lam. Klette.
    1. L. major Gaertn.
    2. L. minor DC.
    3. L. tomentosa Lam.

33. Carlina L. Eberwurz.
    1. C. acaulis L. Brunnern 2c.
    2. C. vulgaris L. Etzel u. f. w.
34. Centaurea L. Flockenblume.
    1. C. Jacea L. Ueberall.
    2. C. montana L. Freiherrenberg u. f. w. ziemlich häufig. H. Beitr. S. 244.
    3. C. Cyanus L. Vormals bei der weißen Mühle gesehen. Ich fand sie im Rabennest gegenüber von Bennau, an der neuen Straße, noch bevor diese fahrbar war, also nicht dahin verschleppt.
    4. C. Scabiosa L.
35. Lampsana L. Rainkohl.
    L. communis L.
36. Cichorium L. Weglugern.
    C. Intybus L. Ziemlich selten.
37. Leontodon L. Löwenzahn. (Leontodon Taraxacum L. Siehe unter: Taraxacum.)
    1. L. autumnalis L.
    2. L. pyrenaicus Gouan.
    3. L. hastilis L.
38. Picris L. Bitterkraut.
    P. hieracioides L.
39. Tragopogon L. Bocksbart, Habermarken.
    1. T. pratensis L. ⎫ Wiesen.
    2. T. orientalis L. ⎭
40. Scorzonera L. Schwarzwurz.
    S. hispanica L. Im Herrengarten früher angebaut.
41. Hypochaeris L. Ferkelkraut.
    H. radicata L. Nicht selten.
42. Willemetia Necker.
    W. apargioides Cass.
43. Taraxacum Juss. Pfaffenröhrlein.
    T. officinale Wig. = Leontodon Taraxacum der meisten frühern Auctoren. Löwenzahn.
    Var. E. lividum = T. palustre DC.

44. Prenanthes L. Hasenlattich.
   P. purpurea L. Häufig auf dem Freiherrenberg u. f. f.
45. Lactuca L. Salat.
   1. L. sativa L. Cultiv. und zuweilen verwildert.
   2. L. muralis Fresen.
46. Sonchus L. Gänsedistel.
   1. S. oleraceus L. An cult. Orten, aber nicht so häufig wie die folgende Art.
   2. S. asper Vill.
   3. S. arvensis L.
47. Crepis L. Pippau.
   1. C. foetida L. Sattelalp.
   2. C. Taraxacifolia Thuill.
   3. C. aurea Cass. „Etzel, hohe Rohne." H. Fl.; M. Fl.
   4. C. alpestris Tausch.
   5. C. biennis L.
   6. C. virens Vill.
   7. C. paludosa Mönch.
   8. C. blattarioides Vill.
   9. C. grandiflora Tausch.
48. Hieracium L. Habichtskraut.
   1. H. Pilosella L.
   2. H. Auricula L. Sehr häufig.
   3. H. glaucum All.
   4. H. villosum L. Ich erhielt sie von der „Guggern" bei Jberg, kommt aber höchst wahrscheinlich auch auf den näher bei Einsiedeln gelegenen Bergen vor.
   5. H. pilosum Schleich. (Bei DC. Prodr.) H. Beitr. S. 244 (?).
   6. H. vulgatum Koch.
   7. H. murorum L. Zum Thl.
   8. H. amplexicaule L.
   9. H. alpinum L.
   10. H. prenanthoides Vill.
   11. H. rigidum Hartm.
   12. H. umbellatum L. *)

---

*) Folgende Hieracien kommen nach Chr. Christener (die Hieracien der Schweiz, Bern 1863 in 4.) überall in der Schweiz vor und dürften daher zum größten Theil auch noch in unserm Gebiet gefunden werden:

Campanulaceen Juss.

1. Jasione L.
   J. montana L.
2. Phyteuma L. Rapunzel.
   1. Ph. orbiculare L. Sommerig, Sattelalp bis in's Willerzell.
   2. Ph. spicatum L. Gemein in Wiesen und Wäldern. (Blätter an der Basis schwarzgefleckt).
      var. pistillis coerulescentibus. H. Beitr. S. 243. Häufig.
3. Campanula L. Glockenblume.
   1. C. pusilla Haenk. In der Alp u. f. w. häufig. H. Beitr. S. 243.
      β. pubescens. „Etzel." H. Beitr. S. 243.
   2. C. rotundifolia L. „Am Etzel." Heg. a. a. O.
   3. C. Scheuchzeri Vill. Freiherrenberg.

---

1. H. Pilosella L.
2. H. Auricula L.
3. H. aurantiacum L.
4. H. glaciale Lachen. (Angustifol. Hopp.)
5. H. florentinum All. (piloselloides Vill.)
6. H. praealtum (Koch) Vill.
7. H. alpinum L.
8. H. amplexicaule L.
9. H. glanduliferum Hopp. (Höchste Alpen.)
10. H. Schraderi Schl. (Höhere Alpen.)
11. H. Gaudini nov. spec.
12. H. villosum L.
13. H. scorzoneraefolium Vill.
14. H. glaucum All.
15. H. Jacquinii Vill.
16. H. trachselianum Christ.
17. H. murorum L. (incisum K.)
18. H. caesium Fries.
19. H. vulgatum Fries (Koch).
20. H. juranum Fries.
21. H. gothicum Fries.
22. H. tridentatum Fries.
23. H. prenanthoides Vill.
24. H. valdepilosum Vill.
25. H. boreale Fries.
26. H. umbellatum L.
27. H. staticefolium Vill.

4. C. rapunculoides L. Gartenwege.
5. C. Trachelium L. Eßel u. f. w. Mit weißen Blüthen auf dem Freiherrenberg, gegen Groß.
6. C. glomerata L.
7. C. barbata L. Sattelalp.

4. Specularia Heister. Spiegelglocke.
Sp. Speculum A. DC. „Bei der Mühle." Ath. u. Bf.

Vaccineen DC.

Vaccinium L. Heidelbeere.
1. V. Myrtillus L. Sehr häufig. Heg. Fl.
2. V. uliginosum L. Häufig im Schachen, auch auf dem Schnabelberg. Heg. Fl.
3. V. Vitis Idaea L. Freiherrenberg u. f. w. Preußelbeeren. H. Fl.
4. V. Oxycoccos L. Zu beiden Seiten des sogenannten Waldweges, am häufigsten im Schachen. H. u. Labr. H. Fl. (u. bem Namen Schollera); M. Fl.

Ericineen Desv.

1. Andromeda L.
A. polifolia L. Im Schachen und Schlagberg (bei der Brücke.) H. Fl. unter Schollera Oxycoccos Roth. Daselbst nämlich heißt es: „In den meisten größern Torfmooren z. B. bei Einsiedeln u. f. w. findet man alle einheimischen Vaccinien nebst Schollera u. Andromeda polif. vereinigt."

2. Calluna Salisburg. Haidekraut.
C. vulgaris Salisb. Auf dem Freiherrenberg u. f. w. sehr gemein.

3. Erica L. Haide.
E. cornea !.. Sattelalp u. anderwärts.

4. Azalea L.
A. procumbens L. Nach H. Fl. in den Schwhzer=Alpen. Ob auch in unserm Gebiet?

5. Rhododendron L. Alpenrose.
1. R. ferrugineum !.. ⎫ Sattelalp, Tritt ꝛc.; auch auf dem
2. R. hirsutum !. ⎭ Bolzberg.

Pyrolaceen Lindl.

Pyrola L. Wintergrün.
1. P. rotundifolia L. An der Sihl unterhalb der Teufelsbrücke, Freiherrenberg u. s. f.
2. P. minor L. (Auf Brunnern.)
3. P. secunda L. Freiherrenberg und anderswo häufig.
4. P. uniflora L. Ich fand sie nur auf dem höchsten Punkte des Freiherrenberg, 18. Juni 1861. — Früher soll sie auch tiefer vorgekommen sein.

Monotropeen Nutt.

Monotropa L. Ohnblatt.
M. Hypopitys L. Freiherrenberg.

C. Corolliflorae.

Aquifoliaceen DC.

Ilex L. Stechpalme.
I. Aquifolium L. Am Etzel, Hummel u. s. f. nicht häufig.

Oleaceen Lindl.

1. Ligustrum L. Hartriegel.
   L. vulgare L. Am Etzel.
2. Syringa L. Flieder.
   S. vulgaris L. Als Zierstrauch häufig cult. mit rothen, seltener mit weißen Blüthen.
3. Fraxinus L. Esche.
   Fr. excelsior L. Bennau und anderswo nicht selten.
   var. pendula. Im Hofgarten.

Asclepiadeen R. Br.

Cynanchum R. Br. Hundswürger.
C. Vincetoxicum R. Br. Steinbachfluh u. s. w.

Apocyneen R. Br.

Vinca L. Sinngrün, Immergrün.
V. minor L. Freiherrenberg. Au u. f. w. Wird auch zur Einfassung von Gartenbeeten benützt.

Gentianeen Juss.

1. Menyanthes L. Zottenblume.
M. trifoliata L. Fieberklee. In der Dümpflen, im Schachen u. f. w. häufig in Gräben.
2. Chlora L. Bitterling.
Ch. perfoliata L. Soll in Einsiedeln vorkommen. Ich fand sie hier noch nie.
3. Swertia L.
S. perennis L. In der Dümpflen bis zum Bolzberg ziemlich häufig.
„In Wiesen um Einsiedeln." H. Beitr. S. 244. und Fl.; („Torfmoore der Schwyzer-Alpen." M. Fl. Sind vielleicht die Moore des Rigi gemeint, wo ich Swertia selbst nebst Trollius europaeus, welche daher auch Rigi-Rolle heißt, antraf.)
4. Gentiana L. Enzian.
 1. G. lutea L. Auf der Sattelalp noch ziemlich häufig, obschon die Wurzeln beinahe alljährlich zur Bereitung des „Enzenwassers" ausgegraben werden. Am nördlichen Fuß des Mythen fand ich sie vor ungefähr 10 Jahren an einer Stelle so häufig, daß an eine gänzliche Ausrottung wohl noch nicht zu denken ist. Nach H. Fl. u. M. Fl. auch auf dem Etzel; dafür spricht auch der Name „Enzenau," welchen der, ob Feusisberg gelegene Theil des Etzels führt.
 2. G. purpurea L. Ich fand ein einziges Exemplar auf dem Booli.
 3. G. cruciata L. Rabennest.
 4. G. asclepiadea L. Häufig, besonders in der Dümpflen und bis in die Berge. „Prope Einsiedel in paludoso prato Altmatt abunde." A. v. Haller Emend I. No. 143 in Act. Helv. Vol. VI. — S. Fl.; H. Beitr. S. 243.
 5. G. Pneumonanthe L.
 6. G. acaulis L. Fluhbrig.

7. G. verna L. Gemein; „häufig an einer Stelle." H. u. Labr. S. 243.
8. G. campestris L.
9. G. germanica Willd. Ungemein häufig vom Horgenberg bis Etzel. — H. Beitr. S. 243.
10. G. Amarella L. H. Beitr. S. 243. u. Fl.
11. G. ciliata L. Freiherrenberg, Sattelalp u. f. f nicht selten. H. Beitr. S. 243.

5. Erythraea Richard. Tausendgüldenkraut.
1. E. Centaurium Pers. Troglosen; in der Nähe des Galgen=kappeli u. anderwärts.
2. E. pulchella Fries.

Polemoniaceen Lindl.

1. Polemonium L. Sperrkraut.
   P. coerulcum L. In Gärten des Klosters häufig, mit blauen und weißen Blüthen.
2. Phlox L.
   Ph. paniculata L. In Gärten cult. (Phl. Drumondi nur in Töpfen.)

Convolvulaceen Juss.

1. Convolvulus L. Winde.
   1. C. sepium L. Nicht häufig. Studentengarten an Crataegus=Hecken.
   2. C. arvensis L. Horgenberg.
2. Cuscuta L. Flachsseide.
   1. C. europaea L.
   2. C. Epithymum l.
   3. C. Epilinum Weihe.

Boragineen Desv. Juss.

1. Borago L. Boretsch.
   B. officinalis L. Im Herrengarten.
2. Symphytum L. Beinwurz.
   S. officinale L. Birchli, mit weißen u. rothen Blüthen.

3. Echium L. Natterkopf.
   E. vulgare L. Rüti bei Trachslau.
4. Lithospermum L. Steinsame.
   1. L. officinale L.
   2. L. arvense L. Bei der Klostermühle.
5. Myosotis L. Mäuseohr. Vergißmeinnicht.
   1. M. palustris With. Gemein.
   2. M. caespitosa Schultz.
   3. M. sylvatica Hoffm.
      var. β. alpestris.
   4. M. intermedia Link.

Solaneen Juss.

1. Solanum L. Nachtschatten.
   1. S. nigrum L. Nicht häufig.
   2. S. Dulcamara L. Sattelalp gegen Willerzell. Auch am Klostergebäude.
   3. S. tuberosum L. Erdäpfel, Kartoffel, häufig gebaut.
2. Atropa L. Tollkirsche.
   A. Belladonna L. Rabennest, an der neuen Straße, Schnabel=
   berg, Horgenberg, Freiherrenberg. „Am Etzel." H. Beitr. S. 243.
3. Hyoscyamus L. Bilsenkraut.
   H. niger L. Früher auf einem Schutthaufen bei St. Katharina gefunden.
4. Datura L. Stechapfel.
   D. Stramonium L. Nach einer Angabe am Etzel.

Verbasceen Bartl.

1. Verbascum L. Wollkraut.
   1. V. Schraderi Meyer. } Hummel, Sattelalp bis Euthal u. s. f.
   2. V. thapsiforme Schrad. }
   3. V. nigrum L.
2. Scrophularia L. Braunwurz.
   1. S. nodosa L. Gegen das Birchli, Freiherrenberg, Beichthaus=
   hof auf dem Grab u. s. w.
   2. S. aquatica L. Bei der Mühle.

Antirrhineen Juss.

1. Digitalis L. Fingerhut.
   1. D. grandiflora Lam. Sattelalp, Hummel.
   2. D. lutea L.
2. Antirrhinum L. Löwenmaul.
   A. majus L. In Gärten mit rothen und weißen Blüthen.
3. Linaria Tournef. Leinkraut.
   1. L. minor Desf.
   2. I. alpina Mill. In der Alp bis in's Rabennest, häufig der Au gegenüber.
   3. L. vulgaris Mill.
4. Erinus L. Leberbalsam.
   E. alpinus L. Häufig auf dem Tritt (beim Spalt) mit Möhringia muscosa, Veronica saxatilis v. Botrychium Lunaria.
5. Veronica L. Ehrenpreis.
   1. V. scutellata L. Bei „Gott Vater," Waldweg. Labr. u. H. Sammlung. — H. Beitr. S. 244.
   2. V. Anagallis L. Hermannern in einem Graben und wohl auch anderswo.
   3. V. Beccabunga L. Häufig in Gräben und an feuchten Orten
   4. V. urticifolia L. Freiherrenberg. „Eßel." H. Beitr. S. 243.
   5. V. Chamaedrys L. Gemein.
   6. V. montana L. Freiherrenberg. „Eßel." H. Beitr. S. 243.
   7. V. officinalis L. Freiherrenberg u. s. w. sehr häufig.
   8. V. aphylla L.
   9. V. fruticulosa L.
   10. V. saxatilis Jacq. Sattelalp, Tritt (beim Spalt.)
   11. V. alpina L.
   12. V. serpyllifolia L. An feuchten Orten nicht selten.
   13. V. arvensis L.
   14. V. agrestis L.
   15. V. polita Fries. } Cultivirte Orte. Am häufigsten V. agrestis u. (weniger häufig) V. arvensis.
   16. V. opaca Fries.
   17. V. Buxbaumii Ten.
   18. V. hederifolia L.

1. Orobanche L. Sommerwurz.
   O. Epithymum DC.
2. Lathraea L. Schuppenwurz.
   L. Squamaria L. An schattigen Hecken, nicht häufig. Hat von Ferne ganz das Aussehen von Petasites off. und wird daher leicht übersehen. Diese Pflanze hieß bei den Alten „Böser Heinrich," malus Henricus, im Gegensatz zu Blitum, Bonus Henricus. Cf. Casp. Bauhin, Pinax p. 88.

Rhinanthaceen DC.

1. Tozzia L.
   T. alpina L. Im Sihlthal. Ebel Anleitung die Schweiz zu bereisen. S. Fl.; M. Fl.
2. Melampyrum L. Wachtelweizen.
   1. M. pratense L. ⎱ In Wäldern z. B. des Freiherrenberg.
   2. M. sylvaticum L. ⎰ u. s. w.
3. Pedicularis L. Läusekraut.
   1. P. sylvatica L. Freiherrenberg.
   2. P. palustris L. An sumpfigen Orten gemein. Dümpflen u. s. w. var. floribus albis = leucantha mihi, im Sihlthal u. am Fuß des „Tritt," gegen Wähni.
   3. P. foliosa L.
   4. P. verticillata L.
4. Rhinantus L. Klappertopf.
   1. Rh. minor Ehrh. ⎱ Besonders häufig auf Horgenberg bis
   2. Rh. major Ehrh. ⎰ in's Rabennest.
   3. Rh. Alectorolophus Pall. (Anker.)
   4. Rh. alpinus Baumg.
5. Bartsia L.
   B. alpina L. Im Sihlthal.
6. Euphrasia L. Augentrost.
   1. E. officinalis L. Gemein.
   2. E. minima Schleich.
   3. E. Salisburgensis Funk.
   4. E. Odontites L.

Labiaten Juss.

1. Ocymum L. Basilienkraut.
   O. Basilicum L. Im Herrengarten cult.
2. Lavandula L. „Spiggen" (vom latein. Spica = Aehre.)
   L. vera DC. In Gärten.
3. Mentha L. Minze.
   1. M. sylvestris L. Gemein; Ziegelhütte, Dümpflen u. s. f.
   2. M. aquatica L. ⎫
   3. M. sativa Smith. ⎬ Gräben.
   4. M. arvensis L. Dümpflen u. s. w.
4. Lycopus L. Wolfsfuß.
   L. europaeus L. Im Schlagberg.
5. Salvia L. Salbey.
   1. S. officinalis L. Zum Küchengebrauch cult.
   2. S. glutinosa L. In Wäldern, nicht häufig.
   3. S. pratensis L.
6. Origanum L. Dosten.
   1. O. vulgare L. Häufig auf dem Katzenstrick, Freiherrenberg u. s. f.
   2. O. Majorana L. Majoran. Zum Küchengebrauch cult.
7. Thymus L. Thymian.
   Th. Serpyllum L. Ueberall in mehrern Varietäten. Wo Thymian wächst, kann man beinahe mit Gewißheit immer auch auf einen Ameisenhaufen schließen.
8. Calamintha Mönch.
   1. C. alpina Lam.
   2. C. officinalis Mönch.
9. Clinopodium L. Wirbelborste.
   C. vulgare L. Rabennest.
10. Glechoma L. Gundelrebe.
    G. hederacea L. An Mauern und Hecken gemein.
11. Lamium L. Bienensaug, Taubnessel.
    1. L. purpureum L. Auf Aeckern und in Gärten unkrautartig.
    2. L. maculatum L. An Mauern.
    3. L. album L. Selten.

12. Galeobdolon Huds. Waldnessel.
    G. luteum Huds. Gegen das Birchli u. s. f.
13. Galeopsis L. Hohlzahn.
    G. Tetrahit L. Freiherrenberg, cultiv. Orte, häufig.
14. Stachys L. Ziest.
    1. St. alpina L.
    2. St. sylvatica L. Freiherrenberg, Klosterhöfe u. s. w. Die Blüthen nehmen oft eine ganz regelmäßige Form an.
    3. St. palustris L.
15. Betonica L.
    B. officinalis L. Auf dem Freiherrenberg, Katzenstrick u. s. w. häufig. Blüthen roth. Mit weißen Blüthen. Ath. u. Bf.
16. Scutellaria L. Helmkraut.
    S. galericulata L. Am Weiher bei „Gott Vater" u. s. f.
17. Prunella L.
    1. P. vulgaris L. Häufig.
    2. P. grandiflora Jacq.
18. Ajuga L. Günsel.
    1. A. reptans L. Häufig mit blauen Blüthen, weniger häufig mit rothen; mit weißen nur einmal.
    2. A. genevensis L.
19. Teucrium L. Gamander.
    T. Scorodonia L.

Verbenaceen Juss.

Verbena L. Eisenkraut.
    V. officinalis L. Selten.

Lentibularicen Richard

1. Pinguicula L. Fetthenne.
    1. P. alpina L. Enzenau, auf der Seite gegen Feusisberg; von Alpthal auf den Hacken. H. Fl.
    2. P. vulgaris L. Mit Primula farinosa überall in torfigen Wiesen.
2. Utricularia L. Wasserschlauch.
    1. U. vulgaris L. Hie und da in Gräben.
    2. U. minor L. H. Vorr. u. Fl.; M. Fl. Im Schachen.

Primulaceen Vent.

1. Trientalis L.
    T. europaea L. „Dans les forêts de pins aux environs d'Einsiedeln." Oswald Heer in den Verhandlungen der allgem. schweiz. naturf. Gesell. v. J. 1837. S. 56. „Von Amman 1837 massenhaft in Einsiedeln gefunden." Wegelin, Enumeratio florae Helvet. p. 29. „In Tannenwäldern bei Einsiedeln nahe am Torfmoor." H. Fl.; M. Fl. Nach einer brieflichen Mittheilung von Hrn. Prof. A. Gisler in Altdorf fand sie hier auch Muret von Lausanne.

2. Lysimachia L.
    1. L. thyrsiflora L. Im Schachen. — „In den Torfsümpfen bei Einsiedeln." H. Beitr. S. 244 u. Fl.; M. Fl.
    2. L. vulgaris L. Im Schachen.
    3. L. Nummularia L. An Weihern und Gräben u. s. w.
    4. L. nemorum L. Freiherrenberg u. s. w. häufig.

3 Anagallis L. Gauchheil.
    A. arvensis L. Horgenberg.

4. Primula L. „Schlüßelblüemli."
    1. P. farinosa L. Auf Torfboden in Gesellschaft von Pinguicula vulgaris.
    2. P. elatior Jacq. Gemein. Mit längerm und kürzerm Griffel.
    3. P. officinalis Jacq. Am Etzel, Horgenberg. Mit längerm und kürzerm Griffel.
    4. P. auricula L. Flüeblüemli. Fluhbrig, Mythen. In Gärten cultivirt.

5. Soldanella L. Drottelblume.
    S. alpina L. Fluhbrig, häufig auf der Nordseite des Hacken.

Globularien DC.

Globularia L. Kugelblume.
    1. G. cordifolia L. Gegen Alpthal an der Alp; (massenhaft auf Guggern bei Iberg).
    2. G. nudicaulis L.

Plantagineen Juss.

Plantago L. Wegetritt.
1. P. major. L
2. P. media L.
3. P. lanceolata L.
4. P. montana Lam.
5. P. alpina L.

} An allen Wegen. Von Pl. lanceolata beobachtete ich eine var. prolifera, welche auch Hagenbach in seinem Tent. fl. Bas. als var. E. prolifera aufführt.

D. Monochlamydeen.

Amaranthaceen Juss.

Amaranthus L.
1. A. Blitum L. An cult. Orten.
2. A. caudatus L. In Gärten.

Chenopodeen Vent.

1. Chenopodium L. Gänsefuß.
   1. Ch. album L. Uncultivirte Orte.
   2. Ch. polyspermum L. Cultiv. Orte. (Horgenberg.)
2. Blitum L. Verbessert von C. A. Meyer. Siehe den I. Band von Ledebour's Flora altaica.
   B. Bonus Henricus C. A. Meyer. Gemein. Malus Henricus wurde Lathraea Squamaria genannt. Siehe oben.
3. Beta L. Mangold.
   B. vulgaris L. Cultivirt werden:
   β. Cicla, Kraut.
   γ. rapacea, Randen.
4. Spinacia L. Spinat (gemeinhin Binetsch).
   1. Sp. inermis Mönch.
   2. Sp. spinosa Mönch.
   } Cultivirt.
5. Atriplex L. Melde.
   A. patula L.

Polygoneen Juss.

1. Rumex L. Ampfer.
    1. R. conglomeratus Murr.
    2. R. obtusifolius L. „Miſtblaffen." Als Unterlage für friſche Butterſtöcke gebraucht.
    3. R. crispus L.
    4. R. Patientia L. Im Herrengarten.
    5. R. alpinus L.
    6. R. scutatus L.
    7. R. arifolius All.
    8. R. Acetosa L. Sauerampfer, die am häufigſten vorkommende Art.
    9. R. Acetosella L. Im Schachen, Freiherrenberg u. ſ. w.
2. Polygonum L. Knöterig.
    1. P. Bistorta L. (= bis-torta, von torquere, weil die Wurze S förmig gebogen ist); in Einſiedeln „Anthoren" genannt Sehr häufig. Gewöhnlich in Geſellſchaft von Geranium sylvaticum; ſiehe dieſes.
    2. P. viviparum L. Sihlthal, gegen den Altenberg u. ſ. w.
    3. P. lapathifolium L.
    4. P. Persicaria L. Ziemlich häufig.
    5. P. mite Schrank.
    6. P. Hydropiper L.
    7. P. minus Huds.
    8. P. aviculare L. Stellenweiſe große Strecken überwuchernd, z. B. im Schachen.
    9. P. Convolvulus L. Schnabelberg, Kirchhof u. ſ. f.

Thymelaceen Juss.

Daphne L. Seidelbaſt, Kellerhals.
    1. D. Mezereum L. Freiherrenberg u. ſ. f.
    2. D. striata Trattinick. „In den Schwyzeralpen." S. Fl. (mit D. Cneorum L.) Labr. u. H., wo D. striata Tratt. von D. Cneorum L. unterschieden wird; Heg. Fl.; M. Fl. Ob auch in unſerm Gebiet?

Santalaceen R. Br.

Thesium L.
1. Th. pratense Ehrh.
2. Th. alpinum L. An der Alp, am Freiherrenberg u. f. f. häufiger als das erstere.

Aristolochieen Juss.

Asarum L. Haselwurz.
A. europaeum L. „Speciem ejus diversam, majorem, (si bene memini) circa Eremum divae Virginis in agro Suitensium reperiri ajunt quidam, nescio quam vere." Gessner hort. Germ. und aus diesem C. Bauhin, Pinax (Ausgabe von 1623) p. 197 u. Bern. Verzascha, welcher in seinem „Neu vollkommenen Kräuterbuch) S. 15 hierüber sagt: „Es wird im Schweitzerland auf dem Gebirg, bey dem loblichen Gottshauß Einsidel, eine größere und mehr wohlriechende Art gefunden, als die gemeine ist."

Asarum europaeum β foliis majoribus, circa fanum D. Virginis Eremitarum (Einsiedlen), S. Fl.; „Einsiedeln." M. Fl. In neuerer Zeit von Hrn. J. Rihner von Schwyz unter der Teufelsbrücke wieder gefunden.

Euphorbiaceen Juss.

1. Buxus L. Buchs.
   B. sempervirens L. Zur Einfassung von Gartenbeeten gezogen.
2. Euphorbia L. Wolfsmilch.
   1. E. helioscopia L. ⎫ An cultivirten Orten.
   2. E. platyphyllos L. ⎭
   3. E. stricta L.
   4. E. dulcis L. An der Sihl, unterhalb der Teufelsbrücke und bei Willerzell.
   5. E. Cyparissias L. Sattelalp bis in's Euthal, Steinbachfluh.
   6. E. Peplus L. An cult. Orten.
3. Mercurialis L. Bingelkraut.
   1. M. perennis L. Häufig vom Rabennest bis Horgenberg, bei der Teufelsbrücke u. f. f.
   2. M. Annua L.

Urticeen Juss.

1. Urtica L. Nessel.
   1. U. urens L.
   2. U. dioica L. Gemein.
2. Cannabis L. Hanf.
   C. sativa L. Seit mehrern Jahren am Horgenberg cult.
3. Humulus L. Hopfen.
   H. Lupulus L.
4. Ulmus L. Rüster.
   U. campestris L. Willerzell.

Juglandeen DC.

Juglans L. (=Jovis glans, Götternuß. Vergl. Heer, Verhandlungen v. 1857 S. 118) Wallnußbaum.
   J. regia L. Im Studentengarten ein stattlicher Baum, welcher alljährlich reife Früchte trägt.

Cupuliferen Rich.

1. Fagus L. Buche.
   F. sylvatica L. Freiherrenberg u. s. w.
2. Quercus L. Eiche.
   Q. pedunculata Ehrh. Bennau, Schnabelberg.
3. Corylus L. Haselnußstaube.
   C. Avellana L. Ueberall in Hecken, aber auch baumartig im Fratergarten.
4. Carpinus L. Hainbuche.
   C. Betulus L. Am Freiherrenberg. Im Herrengarten eine Hecke.

Salicineen Rich.

1. Salix L. Weide.
   1. S. fragilis L.
   2. S. alba L.
      var. γ. vitellina L. Cultivirt.
   3. S. amygdalina L.
   4. S. daphnoides Vill. „Bei der Teufelsbrücke." H. Beiträge, S. 244, unter dem Namen S. praecox.

5. S. purpurea L.
6. S. incana Schrank.
7. S. cinerea L. „Walbweg." H. Beitr. S. 244.
8. S. nigricans Fries. „Mit ungemein zahlreichen Varietäten und Formen." H. Beitr. S. 244, unter dem Namen S. phylicifolia.
9. S. grandifolia Sering.
10. S. Caprea L.
11. S. aurita L.
 var. uliginosa Willd. } „Walbweg," H. Beitr. S. 244.
12. S. hastata L.
13. S. ambigua Ehrh.
14. S. repens L. „Walbweg." H. Beitr. S. 244. — „Torf=sümpfe von Einsiedeln." M. Fl.
 var. γ. argentea Sm „Walbweg." H. Beitr. a. a. O. „Von Heer bei Einsiedeln gefunden." Wegelin, Enumeratio florae Helv. p. 14. Hegetschweiler, Flora, fortgesetzt von Oswald Heer.
15. S. reticulata L.
16. S. retusa L.

2. Populus L. Pappel.
 1. P. tremula L. Schnabelberg, Freiherrenberg u. s. f.
 2. P. pyramidalis Rozier. Angepflanzt.
 3. P. nigra L.

Betulineen Rich.

1. Betula L. Birke.
 1. B. alba L. Schnabelberg und anderwärts. H. Beitr. S. 244.
 2. B. pubescens Ehrh. „Walbweg." H. Beitr. S. 244; H. u. Heer, Flora; M. Fl.
 3. B. nova L. „Dans le grand marais de Schwitz." Gagnebin in Act. Helv. vol. I. p. 58. — H. Vorr. zu Suters Flora helvet. u. S. Fl. „Frequens in turfosis ad viam inter Teufels-brugg et Einsiedlen." — H. Beitr. S. 244; H. u. Heer, Flora; Moritzi, Flora.

2. Alnus Tournef. Erle.
 1. A. viridis DC.
 2. A. incana DC.
 3. A. glutinosa Gaertn. Ziemlich häufig, besonders bei Egg.

Coniferen Juss.

1. Taxus L. Eibe.
   T. baccata L. Cult. auch freiwachsend.
2. Juniperus L. Wachholder, Rauchholder.
   1. J. communis L. Gegen Alpthal, am Etzel u. f. f.
   2. J. Sabina L. Sevi. Die Zweige werden am Palmsonntag, statt der Palmen, gesegnet.
3. Pinus L. Fichte.
   1. P. sylvestris L. Föhre. Nicht selten. H. Beitr. S. 244.
   2. P. Mughus Scop H. Beitr. S. 244. (S. Fl. u. Vorr. v. Heg.)
      α. uliginosa Neum. M Fl.; Oswald Heer in den Verhandl. der schweiz. naturf. Gesellschaft Lucern 1863 (S. 177—194) u. dess. Urwelt der Schweiz S. 24.
      β. Pumilio Haenke.
   3. P. picea L. Weißtanne. Nicht so häufig wie die folgende, aber überall.
   4. P. Abies L. Rothtanne. Der dominirende Baum der Wälder.
   5. P. Larix L. Lärche. Am Schnabelberg ein ganzes Wäldchen. Ein solches wurde vor einigen Jahren „auf Kreuz" ausgehauen. Ohne Zweifel früher angepflanzt, „denn auch im Kanton Schwyz, sowie in Glarus kommen keine Lerchtannen (freiwachsend) vor." Hegetschw., Reise in den Gebirgsstock zwischen Glarus und Graubündten. S. 192.

Anmerkung. Im Fratergarten Pinax sylvestris, Abies und Larix angepflanzt.

II. Klasse. Monocotyledonen.

Alismaceen Juss.

Alisma L. Froschlöffel.
  A. Plantago L. In Weihern und Gräben häufig.

Juncagineen Rich.

1. Scheuchzeria L. (Siehe Programm v. J. 1863 S. 28 b.)
   Sch. palustris L. Im Schachen ziemlich häufig. Der große Haller konnte sie in der Schweiz nicht finden. In Einsiedeln beob=

achtete sie zuerst Joachim Burser, ein Schüler C. Bauhins.
Vergl. Gaudin, Agrostographia in Salis und Steinmüllers
Alpina 4. Bd. S. 244. — Ebel, Anleitung die Schweiz zu
bereisen. H. Vorr.: „Frequentissime in paludibus circa Einsidlen non longe a fonte aere hepatico impraegnato." S.
Fl.; G. syn.; H. Fl.; M. Fl.
2. Triglochin L. Dreizack.
T. palustre L. Nicht selten, besonders gegen Willerzell; auf dem Schnabelberg u. s. f.

Potameen Juss.

Potamogeton L. Laichkraut.
1. P. natans L.
2. P. rufescens Schrad. In Gräben, Rabennest, Troglopen u. s. f.
3. P. perfoliatus L.
4. P. pusillus L.
5. P. pectinatus L. In der Sihl beim Torfmoor.
6. P. densus L. In Gräben.

Lemnaceen Link.

Lemna L. Wasserlinse.
L. minor L. Torfgräben als grüne Decke überziehend. Vielleicht lassen sich auch noch andere Arten finden.

Typhaceen Juss.

Sparganium L. Igelknospe.
1. Sp. racemosum Huds. Bei der Klostermühle, Troglopen ic.
2. Sp. simplex Huds.
3. Sp. natans L.

Aroideen Juss.

Arum L. Aron.
A. maculatum L.

Orchideen Juss.

1. Orchis L. Knabenkraut, Ragwurz.
   1. O. militaris L. Schlagberg, Willerzell. (Blüthe gräulich.)
   2. O. ustulata L. Auf Torfgrund.

3. O. globosa L.
4. O. Morio L. Sommerig bis Willerzell ꝛc. (Helm der Blüthe grün geädert.)
5. O. mascula L. Freiherrenberg u. s. w.
6. O. maculata L. Ziemlich häufig.
　Die Var. mit weißen Blüthen und ungefleckten Blättern fand ich den 20. Juni 1861 auf Brunnern und bald nachher auch auf dem Freiherrenberg. (Klosterweid.)
7. O. latifolia L. Gemein an sumpfigen Orten.
　var. angustifolia Grab. u. Wimmer.
2. Gymnadenia R. Br. Nacktdrüse.
　1. G. conopsea R. Br. Freiherrenberg ꝛc.
　2. G. odoratissima Rich.
3. Peristylus Blum.
　1. P. viridis Lindl. Auf Brunnern, Freiherrenberg u. s. w. nicht selten. H. Beitr. S. 244, unter dem Namen: Orchis viridis; Flora, unter dem Namen Habenaria v. wie auch M. Fl.
　2. P. albidus Lindl. Freiherrenberg u. s. f.
4. Platanthera Rich. Breitkölbchen.
　1. P. bifolia L. Ziemlich häufig auf dem Freiherrenberg, im Schlagberg u. s. w.
　2. P. chlorantha Custor. Vereinzelt. Unterscheidet sich von der Vorigen leicht durch (nach unten) divergirende Antherenfächer, welche bei P. bifolia paralell laufen.
5. Nigritella Rich. Schwärzling, Möhrli, Rußkölbli, Brändli.
　N. angustifolia Rich. Ich erhielt sie aus der Gegend, jedoch ohne nähere Angabe des Standortes.
6. Ophrys L. Ragwurz.
　1. O. muscifera Huds.
　2. O. arachnitis Reichard
7. Herminium R. Br.
　H. Monorchis R. Br. Stellenweise häufig, wie auf Troglosen, wo ich auf einem Raum von wenigen Quadratzoll gegen 20 Exemplare beisammen traf, im Schlagberg; an andern Orten vereinzelt wie auf dem Freiherrenberg. S. Fl., unter dem Namen: Ophrys Monorchis.

8. Cephalanthera Rich.
   1. C. pallens Rich. Gewöhnlich mit der Folgenden.
   2. C. ensifolia Rich. Euthal.
   3. C. rubra Rich. Rabennest ꝛc.
9. Epipactis Rich. Sumpfwurz.
   1. E. latifolia All. ⎫
   2. E. rubiginosa Gaud. ⎬ Bolzberg, Freiherrenberg gegen Groß.
   3. E. palustris Crantz. ⎭
10. Listera R. Br.
    1. L. ovata R. Br. Freiherrenberg, Brunnern, Wähni u. s. w. nicht selten.
    2. L. cordata R. Br. Den 25. Juni 1863 von mir zum erstenmal im Dimmerwald bei Willerzell und bald darauf noch häufiger (100–200 Exemplare) auf der Westseite des Sommerig gefunden. Ein vereinzeltes Exemplar fand ich endlich auch am Fuß des Freiherrenberg, hinter der Ziegelhütte.
11. Neotia L. Nestwurzel.
    N. Nidus avis Rich. Freiherrenberg u. s. w. vereinzelt.
12. Spiranthes Rich. Blüthenschraube.
    Sp. aestivalis Rich.
13. Corallorrhiza Holl. Korallenwurz.
    C innata R. Br. Ich fand bisher ein einziges Exemplar am Freiherrenberg, gegen Wähni.
14. Sturmia Reichb.
    St. Loeselii Reichb. „Waldweg." H. Beitr. S. 244, unter dem Namen: Malanis Loeselii; „bei Einsiedeln gegen die Teufelsbrücke." Fl. von Heg. — M. Fl. (Liparis Loeselii).
15. Cypripedium L. Frauenschuh.
    C. Calceolus L. Freiherrenberg, Egg u. s. w.

Irideen Juss.

1. Crocus L. Safran.
   1. C. vernus All. Auf dem Sommerig eine Wiese damit ganz überdeckt. Auch in der Ebene z B bei Willerzell, „im Kalch;" vereinzelt fand ich ihn auf der Ostseite des Freiherrenberg mit violetten — und im Rabennest mit weißen Blüthen.
   2. C. luteum Lam. Hie und da in Gärten; auf dem Kirchhof.

2. Gladiolus L.. Siegwurz, Allermannsharnisch.
G. communis L. In Gärten gezogen.
3. Iris L, Schwertlilie, Ilge.
   1. I. germanica L. Blau. } In Gärten.
   2. I. florentina L. Weiß.
   3. I. Pseud-Acorus L.

Amaryllideen R. Br.

1. Narcissus L.. Narcisse.
   1. N. poeticus L.. } In Gärten.
   2. N. Pseudo-Narcissus L..
2. Leucojum L. Knotenblume, Märzenglöckchen.
   L. vernum L. Rabennest, Luogaten, Obergroß; am häufigsten in „Ruhstallers" Gut in der Nähe der Steinbachfluh.

Asparageen Juss.

1. Paris L.. Einbeere.
   P. quadrifolia L. Freiherrenberg u. f. w. häufig. Oft mit 5—6 Blättern.
2. Convallaria L. Maiblümchen.
   1. C. majalis L. Mairiesli. Nach einer Angabe am Etzel.
   2. C. Polygonatum L.. } Sehr zerstreut in Wäldern.
   3. C. multiflora. L.
3. Majanthemum Wiggers. Schattenblume.
   M. bifolium DC. Häufig auf dem Freiherrenberg u. f. w.

Liliaceen DC.

1. Tulipa L. Tulpe.
   T. Gesneriana L. „Tulipane." In Gärten.
2. Fritillaria L. Schachblume.
   F. imperialis L. Kaiserkrone. Herrengarten u. in a. Gärten.
3. Lilium L. Lilie.
   1. L. bulbiferum L. Soll im Sihlthal vorkommen. In Gärten allenthalben cult.
   2. L. candidum L. In Gärten.

3. L. Martagon L. An der Sihl unter der Teufelsbrücke häu=
fig; im Sihlthal, Kalch, Sattelalp u. s. w., wird ebenfalls
in Gärten gezogen.
4. Anthericum L. Zaunblume.
A. ramosum L.
5. Ornithogalum L. Milchstern.
O. umbellatum L.
6. Gagea Salisb.
G. lutea Schult. „Am Etzel." H. Beitr. S. 243, unter dem
Namen: Ornithogalum sylvat.
7. Allium L. Lauch.
1. A. ursinum L. Bärenlauch. Rabennest, Albegg u. s. w.
Zum Küchengebrauche werden cultivirt:
2. A. sativum L. Knoblauch.
3. A. Porrum L. Por.
4. A. Schoenoprasum L. Schnittlauch.
5. A. Ascalonicum L. Schalotte.
6. A. cepa L. Zwiebel, Böllen.
7. A. fistulosum L.

Colchiaceen DC.

1. Colchicum L. Zeitlose.
C. autumnale L. Häufig. Werden die Blüthen im Herbst durch
ungünstige Witterung zurückgehalten, so erscheinen sie im
folgenden Frühjahr mehr oder weniger verkümmert und dieses ist: C. vernale Hoffm.
2. Veratrum L. Germer, uneigentlich auch Nießwurz.
V. album L. Bolzberg, Freiherrenberg u. s. w. häufig.
3. Tofjeldia Huds.
T. calyculata Wahlenb. Schnabelberg, Freiherrenberg u. anderswo häufig.

Juncaceen Bartl.

1. Juncus. L. Simse.
1. J. conglomeratus L.
2. J. effusus L.
3. J. filiformis L.

4. J. stygius L. „Rarissimam plantam circa Einsidlen Burserus legit, praeter eum nemo." Suter Flora helv. cf. Wahlenberg, flora inter Arol. et Rhen. p. 65. — „Wald=weg," H. Beitr. S. 244. — „In paludibus prope Einsiedeln olim a Bursero, nuper post editam Floram a cl. Wahlberg lectus." Gaud syn. ed. Monnard. — Die Ehre, diese seltene Pflanze wieder aufgefunden zu haben, gebührt indessen Hegetschweiler, „welcher sie im Jahre 1828 in den Torfsümpfen von Einsiedeln neben dem breiten Wege innerhalb der Teufelsbrücke in Gesellschaft von Sphagnum, Schoenus albus (Rhynchospora,) Scheuchzeria, Lysimachia thyrsiflora etc. gefunden und im Herbarium aufbewahrte, wo sie Hr. Prof. Wohlberg aus Schweden sah und als ächten Juncus stygius bezeichnete." H. Flora. Als in Einsiedeln wachsend wird sie auch noch von M. Fl., Koch, Fl. u. Synopsis u. s. w. angegeben. Nach Hrn. G. Bamberger in Zug soll dieser Juncus auch auf dem Geißboden bei Zug vorkommen. Vergl. F. Mühlberg, Beiträge zur Kenntniß des Zugerlandes. (Jahrsb.) Zug 1863 in 4. S. 23.
5. J. triglumis L. „Inter plantas a Stehelino communicatas circa Einsiedlen nasci dicitur, et pro Junco exiguo montano mucrone carente Casp. Bauhini habetur." *) A. v. Haller, Emend. Pars III. No. 166. (Act. Helv. vol. V.) cf. A. v. Haller Historia No. 1314.
6. J. obtusiflorus Ehrh.
7. J. sylvaticus Reichard.
8. J. lamprocarpus Ehrh.
9. J. alpinus Vill.
10. J. supinus Mönch. Hr. Prof. Gisler von Altorf sammelte ihn bei Einsiedeln (in der Nähe des Weihers.) Hr. Rihner von Schwyz hält diesen für eine neue Spezies.
11. J. compressus Jacq.
12. J. bufonius L. Häufig.
2. Luzala DC. Hainsimse.

---

*) Vergl. meinen „Clavis ad Caspari Bauhini Pinacem Theatri botanici" in Zeitschrift für die gesammten Naturwissenschaften, redigirt von C. Giebel und M. Siewert. 23 Bd. S. 128—143. (12. a. VIII.)

1. L. pilosa Willd. }
2. L. maxima DC. } Am Freiherrenberg ꝛc. nicht selten.
3. L. campestris DC. }
4. L. multiflora I ejeun. „Am Eßel." H. Fl., unter dem Namen:
L. nemorosa Heg.

Cyperaceen Juss.

1. Cyperus L.
 1. C. flavescens L.
 2. C. fuscus L.
2. Schoenus L. Knopfgras.
 1. Sch. nigricans L.
 2. Sch. ferrugineus L.
3. Rhynchospora Vahl. Schnabelsame.
 Rh. alba Vahl. Häufig im Schachen. „Waldweg." H. Beitr.
 S. 244 u. Flora unter dem Namen: Schoenus albus.
 Siehe oben Juncus stygius.
4. Heleocharis R. Br. Teichbinse.
 H. palustris R. Br. Nicht selten.
5. Scirpus L. Binse.
 1. Sc. coespitosus L.
 2. Sc. lacustris L.
 3. Sc. sylvaticus L.
 4. Sc. compressus Pers.
6. Eriophorum L. Wollgras.
 1. E. alpinum L. H. Vorr. u. Beitr. S. 244 (Waldweg.)
 2. E. vaginatum L. „Waldweg," H. Beitr. S. 244 u. Fl.;
 M. Fl.
 3. E. latifolium Hoppe. „Waldweg'" H. Beitr. S. 244.
 4. E. angustifolium Roth. H. Vorr. u. Beitr. S. 244 (Wald=
 weg.)
 5. E. gracile Koch. H. Vorr., Beitr. S. 244 u. Flora unter
 dem Namen: E. triquetrum; M. Fl.
7. Carex L. Segge.
 1. C. dioica L.
 2. C. Davalliana Smith.
 3. C. pulicaris L. Gemein.

4. C. pauciflora Lightf. „Waldweg" H. Beitr. S. 244; „Etzel," H. Fl. unter dem Namen: C. leucoglochin L. fil.
5. C. chordorrhiza Ehrh. „Waldweg." H. Beitr. S. 244.
6. C. muricata L. Gemein.
7. C. teretiuscula Good.
8. C. paniculata L. Nicht selten.
9. C. paradoxa Willd.
10. C. remota L. „Bei Einsiedeln." M. Fl.
11. C. stellulata Good.
12. C. leporina L. Häufig.
13. C. elongata L.
14. C. Heleonastes Ehrh.
15. C. canescens L. Freiherrenberg.
16. C. stricta Good.
17. C. vulgaris Fries.
18. C. limosa L. „Waldweg." H. Beitr. S. 244.
19. C. pilulifera L.
20. C. tomentosa L.
21. C. montana L.
22. C. praecox Jacq. Sehr häufig.
23. C. digitata L.
24. C. ornithopoda Willd.
25. C. panicea L. Ziemlich häufig.
26. C. glauca Scop. Häufig.
27. C. pallescens L.
28. C. sempervirens L.
29. C. firma Host.
30. C. ferruginea Scop.
31. C. flava L. Nicht selten.
32. C. Oederi Ehrh. Freiherrenberg 2c.
33. C. fulva Good.
34. C. Hornschuchiana Hoppe. Ziemlich gemein.
35. C. sylvatica Huds.
36. C. Pseudo-Cyperus L.
37. C. ampullacea Good. „Waldweg." H. Beitr. S. 244.
38. C. vesicaria L.
39. C. paludosa Good.
40. C. filiformis L. „Waldweg." H. Beitr. S. 244.
41. C. hirta L.

Gramineen Juss. *)

1. Panicum L. Fennich.
   1. P. sanguinale L.
   2. P. Crus-Galli L.
2. Setaria Beauv. Borstengras.
   1. S. viridis Beauv.
   2. S. glauca Beauv.
3. Phalaris L. Glanzgras.
   P. arundinacea L.
   var. picta. In Gärten.
4. Anthoxantum L. Ruchgras.
   A. odoratum L. Nicht selten.
5. Phleum L. Lieschgras.
   1. Ph. Michelii All.
   2. Ph. pratense L.
   3. Ph. alpinum L.
6. Leersia Solander.
   L. oryzoides Swartz.
7. Agrostis L. Windhalm.
   1. A. stolonifera L. var. β.
   2. A. vulgaris With.
   3. A. canina L.
   4. A. rupestris All.
8. Apera Adans. Beauv. Windfahne.
   A. spica venti Beauv.
9. Calamagrostis Roth. Reithgras.
   1. C. epigeios Roth.
   2. C. montana Host. = Arundo montana. Heg. Beitr. S. 243; C. stricta. H. Fl.
10. Milium L.
    M. effusum L.

---

*) Die meisten der hier aufgeführten Arten finden sich beinahe in jeder größern Wiese. Ich beschränke mich daher darauf, im Folgenden die Standorte für einige weniger häufige anzugeben, wo sie mir noch erinnerlich sind, sowie auf sehr häufig vorkommende aufmerksam zu machen.

11. Lasiagrostis Link. Rauhgras.
L. calamagrostis Link. H. Beitr. S. 243 u. Fl. u. d. N.
Stipa Calamagrostis
12. Phragmites Trinius. Rohrschilf.
Ph. communis Trin. Willerzell u. f. w. der Sihl entlang.
13. Sesleria Arduin.
S. coerulea ard. Im Kalch.
14. Koeleria Pers.
K. cristata Pers.
15. Aira L. Schmiele.
A. caespitosa L.
16. Holcus L. Honiggras.
H. lanatus L. Waldweg ꝛc.
17. Arrhenatherum Beauv. Glatthafer.
A. elatius M. u. Koch.
18. Avena L. Hafer.
1. A. fatua L. Rabennest, an der neuen Straße.
2. A. pubescens L.
3. A. flavescens L.
19. Triodia Brown. Dreizahn.
T. decumbens Beauv.
20. Melica L. Perlgras.
1. M. ciliata L.
2. M. nutans L. Rabennest, Trachslau ꝛc.
21. Briza L. Zittergras.
B. media L. Sehr häufig.
22. Poa L. Rispengras.
1. P. anna L. Ueberall, selbst auf Straßen.
2. P. alpina L.
    var. β. vivipara, auf den meisten Bergen der Umgegend bis in die Ebene.
3. P. nemoralis L.
4. P. trivialis L.
5. P. pratensis L.
6. P. compressa L.

23. Glyceria R. Br. Süßgras.
G. fluitans R. Br.

24. Molinia Schrank.
M. coerulea Mönch. Anderwärts werden „Hälmbesen" daraus gemacht.

25. Dactylis L. Knäuelgras.
D. glomerata L.

26. Cynosurus L. Kammgras.
C. cristatus L.

27. Festuca L. Schwingel.
1. F. ovina L.
2. F. heterophylla Lam.
3. F. rubra L.
4. F. pumila Vill.
5. F. gigantea Vill.
6. F. arundinacea Schreb.
7. F. elatior L.

28. Brachypodium Beauv. Zwenke.
1. B. sylvaticum Röm. u. Schult.
2. B. pinnatum Beauv.

29. Bromus L. Trespe.
1 B. secalinus L.
2. B. commutatus Schrad.
3. B. racemosus L.
4. B. mollis L.
5. B. asper Murr.
6. B. erectus Huds.
7. B. sterilis L.

30. Triticum L. Waizen.
1. T spelta L. (Horgenberg?) cultivirt.
2. T. repens L.
3. T. caninum Schreb. Hie und da in Zäunen.

31. Secale L. Roggen (Korn).
S. cereale L. (Horgenberg?) cultiv.

32. Elymus L. Haargras.
E. europaeus L.
33. Hordeum L. Gerste.
1. H. vulgare L. (Horgenberg?) cultiv.
2. H. murinum L.
34. Lolium L. Lolch.
1. L. perenne L. Ungemein häufig.
2. L. italicum Al.' Br.
35. Nardus L. Borstengras.
N. stricta L. In Bergweiden ic. häufig.

III. Klasse. Acotyledonen vasculares.

Equisetaceen DC.

Equisetum L. Schachtelhalm.
1. E. arvense L. Häufig.
2. E. Telmateja Ehrh.
3. E. sylvaticum L. Freiherrenberg.
4. E. palustre L. } Nicht selten.
5. E. limosum L. }
6. E. variegatum Schleich.

Lycopodiaceen DC.

1. Lycopodium L. Bärlapp.
   1. L. Selago L. Freiherrenberg.
   2. L. inundatum L. „Stuben." Von Student Fischer gefunden. B. Gef.
   3. L. annotinum L.
   4. L. alpinum L. Wenn mir recht ist, von Herrn Rihner bei Willerzell gefunden.
   5. L. clavatum L. Freiherrenberg.
2. Selaginella Spring.
   S. spinulosa Al. Br.

Filices L.

1. Botrychium Swartz. Mondraute.
   B. Lunaria Sw. Auf dem Tritt (beim Spalt), Brunnern; sehr zerstreut.
2. Ophioglossum L. Natterzunge.
   O. vulgatum L. Nach einer mündlichen Mittheilung von Hrn. Kunstgärtner Hämmerlin in Basel von Bernoulli in Einsiedeln „bei der Weid" gefunden — und hier fand sie nachher auch Hr. Med. Dr. Lienert in Einsiedeln.
3. Polypodium L. Tüpfelfarrn.
   1. P. vulgare L. „Engelsüß." Sattelalp, Hummel, an der sogenannten Fluh.
   2. P. Phegopteris L. Nach Bernoulli von Nägeli im benachbarten Wäggithal gefunden. B. Gef. unter Phegopteris polypodioides.
   3. P. Dryopteris L.
   4. P. Robertianum Hoffm.
4. Aspidium R. Br. Schildfarrn.
   1. A. Lonchitis Swartz.
   2. A. aculeatum Döll.
5. Polystichum Roth. Waldfarrn.
   1. P. Thelypteris Roth. Auf Torfboden.
   2. P. Oreopteris DC. In Einsiedeln nach Hrn. Kunstgärtner Hämmerlin.
   3. P. Filix mas Roth.
   4. P. spinulosum DC.
   5. P. rigidum DC. Im Wäggithal von Nägeli gefunden. B. Gef.
6. Cystopteris Bernh. Blasenfarrn.
   1. C. fragilis Bernh.
   2. C. montana Link. Von Nägeli auf b. Aubrig gefunden. B. Gef.
7. Asplenium L. Streifenfarrn.
   1. A. Filix foemina Bernh.
   2. A. Trichomanes Bernh. Klostermauern.
   3. A. viride Huds.
   4. A. Ruta muraria L. Mauern.
8. Scolopendrium Smith. Zungenfarrn, Hirschzunge.
   S. officinarum Swartz. Im Sihlthal.

9. Blechnum L. Rippenfarrn.
   B. Spicant Roth.
10. Pteris L. Adlerfarrn.
   P. aquilina L. Am Eßel ꝛc. häufig.

Numerische Uebersicht
der Ordnungen, Gattungen, Arten und Varietäten.

	Zahl der Ordn.	Zahl der Gattungen.		Zahl der Arten.		Zahl der Varietäten.	
		spont.	cult.	spont.	cult.	spont.	cult.
Ranunculaceen	13	10	3	32	27	5	4	2	2
Berberideen	1	1		1	1			
Nymphaeaceen	2	2		2	2			
Papaveraceen	2	2		4	3	1	1		1
Fumariaceen	2	2		2	2			
Cruciferen	21	17	4	36	28	8	7		7
Cistineen	1	1		1	1			
Violarieen	1	1		7	7		3	1	2
Resedaceen	1		1	1		1		
Droseraceen	2	2		4	4		1	1	
Polygaleen	1	1		3	3		1	1	
Sileneen	6	6		16	11	5			
Alsineen	8	8		16	16				
Lineen	1	1		2	1	1			
Malvaceen	2	1	1	4	2	2			
Tiliaceen	1		1	2		2			
Hypericineen	1	1		4	4				
Acerineen	1	1		5	5				
Hippocastaneen	1		1	1		1			
Ampelideen	2		2	2		2			
Geraniaceen	1	1		7	7				
Tropeoleen	1		1	1		1			
Balsamineen	1	1		2	1	1			
Oxalideen	1	1		1	1				
A. Thalamifloren	24	74	60	14	154	124	30	17	5	12

	Zahl der Ordn.	Zahl der Gattungen.		Zahl der Arten.			Zahl der Varietäten.		
		spont.	cult.		spont.	cult.		spont.	cult.
Celastrineen		1	1		2	2				
Rhamneen		1	1		3	3				
Papilionaceen		18	16	2	40	34	6	2	1	1
Amygdaleen		1	1		4	2	2			
Rosaceen		9	9		30	25	5	15	12	1
Sanguisorbeen		3	3		4	4				
Pomaceen		5	5		9	9				
Onagrarien		3	2	1	15	14	1			
Halorageen		1	1		2	2				
Callitrichineen		1	1		3	3				
Lythrarieen		1	1		1	1				
Philadelpheen		1		1	1		1			
Cucurbitaceen		2		2	2		2			
Crassulaceen		1	1		7	7				
Grossularieen		1	1		5	1	4			
Saxifrageen		3	2	1	8	7	1			
Umbelliferen		26	21	5	33	28	5			
Araliaceen		1	1		1	1				
Corneen		1	1		2	1	1			
Loranthaceen		1	1		1	1				
Caprifoliaceen		4	4		11	10	1	1		1
Stellaten		2	2		10	10		2	2	
Valerianeen		2	2		4	4				
Dipsaceen		4	4		7	7				
Compositen		48	40	8	114	103	11	18	17	1
Campanulaceen		4	4		11	11		2	2	
Vaccineen		1	1		4	4				
Ericineen		5	5		6	6				
Pyrolaceen		1	1		4	4				
Monotropeen		1	1		1	1				
B. Calycifloren	30	153	133	20	345	305	40	38	34	4

	Zahl der Ordn.	Zahl der Gattungen.		Zahl der Arten.			Zahl der Varietäten.		
		spont.	cult.	spont.	cult.		spont.	cult.	
Aquifoliaceen .		1	1	1	1				
Oleaceen . .		3	2	1	3	2	1	1	1
Asclepiadeen .		1	1		1	1			
Apocyneen. .		1	1		1	1			
Gentianeen .		5	5		16	16			
Polemoniaceen		2		2	2		2		
Convolvulaceen		2	2		5	5			
Boragineen .		5	4	1	9	8	1	1	1
Solaneen . .		4	4		6	6			
Verbasceen .		2	2		5	5			
Antirrhineen .		5	4	1	25	24	1		
Orobancheen .		2	2		2	2			
Rhinanthaceen		6	6		16	16		1	1
Labiaten . .		19	17	2	32	28	4	1	1
Verbenaceen .		1	1		1	1			
Lentibularieen.		2	2		4	4			
Primulaceen .		5	5		11	11			
Globularieen .		1	1		2	2			
Plantagineen .		1	1		5	5			
C. Corolliflören .	19	68	61	7	147	138	9	4	3	1
Amaranthaceen		1	1		2	1	1		
Chenopodeen .		5	3	2	7	4	3	2		2
Polygoneen .		2	2		18	17	1		
Thymelaeen .		1	1		2	2			
Santalaceen .		1	1		2	2			
Aristolochieen.		1	1		1	1			
Euphorbiaceen		3	2	1	9	8	1		
Urticeen . .		4	3	1	5	4	1		
Juglandeen .		1		1	1		1		
Cupuliferen .		4	3	1	4	3	1		
Salicineen . .		2	2		19	18	1	3	2	1
Betulineen. .		2	2		6	6			
Coniferen . .		3	3		8	6	2	2	2	
D. Monochlamydeen.	13	30	24	6	84	72	12	7	4	3
I. DICOTYLEDONEN.	86	325	278	47	730	639	91	66	46	20

	Zahl der Ordn.	Zahl der Gattungen.			Zahl der Arten.			Zahl der Varietäten.	
			spont.	cult.	spont.	cult.		spont.	cult.
Alismaceen .		1	1		1	1			
Juncagineen .		2	2		2	2			
Potameen . .		1	1		6	6			
Lemnaceen .		1	1		1	1			
Typhaceen . .		1	1		3	3			
Aroideen . .		1	1		1	1			
Orchideen . .		15	15		30	30		2	2
Irideen . . .		3	2	1	6	2	4		
Amaryllideen .		2	1	1	3	1	2		
Asparageen .		3	3		6	6			
Liliaceen . .		9	5	4	17	5	12		
Colchiaceen .		3	3		3	3			
Juncaceen . .		2	2		17	17			
Cyperaceen .		7	7		56	56			
Gramineen . .		35	34	1	68	65	3	2	1	1
II. MONOCOTYLEDONEN.	15	86	79	7	220	199	21	4	3	1
Equisetaceen .		1	1		6	6			
Lycopodiaceen		2	2		6	6			
Filices . . .		10	10		22	22			
III. ACOTYLEDON. VASC.	3	13	13		34	34			
In Summa .	104	424	370	54	984	872	112	70	49	21

Die Gesammtzahl der in Einsiedeln freiwachsenden und häufiger cultivirten Gefäßpflanzen beläuft sich demnach auf 984 Arten (872 spontane oder freiwachsende und 112 cultivirte) und 70 Varietäten und Formen (49 freiwachsende und 21 cultivirte) in 424 Gattungen (370 freiwachsende und 54 cultivirte) und 104 Ordnungen (95 freiwachsende und 9 cultivirte).
Mögen Andere berichtigen und ergänzen!

Ueberficht der Pflanzengattungen Einfiedelns
nach dem künftlichen Linneifchen Syftem.

I. Klaffe. **Monandria**.

(Für diese Klasse hat die Einf. Flora keine Repräsentanten aufzuweisen.)

II. Klaffe. **Diandria**.

Monogynia. Lemna. Circaea. Ligustrum. Syringa. Fraxinus. Pinguicula. Utricularia. Veronica. Lycopus. Salvia.

III. Klaffe. **Triandria**.

Monogynia. Valeriana. Valerianella. Iris. Crocus. Gladiolus. Cyperus. Schoenus. Rhynchospora. Heleocharis. Scirpus. Eriophorum. *Digynia*. = *(Gramineen Juss.)* Nardus. Lolium. Hordeum. Elymus. Triticum. Secale. Panicum. Setaria. Milium. Leersia. Phalaris. Anthoxanthum. Phleum. Agrostis. Apera. Calamagrostis. Lasiagrostis. Sesleria. Phragmites. Arrhenatherum. Holcus. Aira. Avena. Triodia. Melica. Koeleria. Dactylis. Poa-Glyceria. Molinia. Briza. Festuca. Cynosurus. Brachypodium. Bromus.

IV. Klaffe. **Tetrandria**.

Monogynia. Knautia. Dipsacus. Succisa. Scabiosa. Globularia. Plantago. Asperula. Sherardia. Galium. Cornus. Majanthemum. Alchemilla. Sanguisorba. *Tetragynia*. Ilex. Potamogeton.

V. Klaffe. **Pentandria**.

Monogynia. Borago. Symphytum. Echium. Lithospermum. Myosotis. Primula. Lysimachia. Anagallis. Soldanella. Menyanthes. Erythraea. Polemonium. Convolvulus. Datura. Hyoscyamus. Verbascum. (Azalea.) Vinca. Atropa. Solanum. Jasione. Phyteuma. Campanula. Specularia. Lonicera. Impatiens. Viola. Vitis. Ampelopsis. Evonymus. Rhamnus. Ribes. Hedera. Thesium. Phlox. *Digynia*. Ulmus. Beta. Chenopodium. Blitum. Cynanchum. Swertia. Gentiana. Cuscuta. *Umbelliferen:* Astrantia. Bupleurum. Apium. Petroselinum. Aegopodium. Carum. Pimpinella. Cicuta. Meum. Angelica. Sanicula. (Foeniculum.) Selinum. Aethusa. Athamanta.

Heracleum. Pastinaca. Anethum. Thysselinum. Laserpitium. Daucus. Torilis. Anthriscus. Chaerophyllum. Myrrhis. Conium. *Trigynia.* Viburnum. Sambucus. *Tetragynia.* Parnassia. *Pentagynia.* Linum. Drosera.

VI. Klaſſe. Hexandria.

Monogynia. Berberis. Leucojum. Narcissus. Hemerocallis. Convallaria. Muscari. Fritilaria. Gagea. Tulipa. l ilium. Anthericum. Allium. Ornithogalum. Juncus. Luzula. *Trigynia.* Colchicum. Veratrum. Tofjeldia. Scheuchzeria. Triglochin. Rumex. *Polygynia.* Alisma.

VII. Klaſſe. Heptandria.

Monogynia. Trientalis. Aesculus.

VIII. Klaſſe. Octandria.

Monogynia. Acer. Epilobium. Chlora. Calluna. Erica, Vaccinium. Daphne. Polygonum. Tropaeolum. Fuchsia. *Digynia.* Chrysosplenium. *Tetragynia.* Paris. Adoxa.

IX. Klaſſe. Enneandria. (vacat.)

X. Klaſſe. Decandria.

Monogynia. Monotropa. Pyrola. Rhododendron. Andromeda. *Digynia.* Saxifraga. Gypsophila. Dianthus. Saponaria. Hydrangea. *Trigynia.* Silene. Alsine. Moehringia. Arenaria. Stellaria. *Pentagynia.* Sagina. Spergula. Malachium. Cerastium. Oxalis. Sedum. Lychnis. Agrostemma.

XI. Klaſſe. Dodecandria.

Monogynia. Asarum. Lythrum. *Digynia.* Agrimonia. *Trigynia.* (Resedaceen.) Reseda.

XII. Klaſſe. Jcosandria.

Monogynia. Philadelphus. Prunus. *Di-Pentagynia. (Sanguisorbeen, Pomaceen u. Rosaceen.)* Crataegus. (Cotoneaster.) Pyrus. Aronia. Sorbus. Spiraea. Poterium. *Polygynia.* (Rosaceen.) Rosa. Rubus. Dryas. Geum. Fragaria. Comarum. Potentilla.

XIII. Klaſſe. Polyandria.

Monogynia. Chelidonium. Papaver. Actaea. Tilia. Helianthemum. (Nymphaea. Nuphar.) *Di-Polygynia. (Ranunculaceen.)* Del-

phinium. Aconitum. Paeonia. Aquilegia. Nigella. Trollius. Caltha.
Adonis. Ranunculus. Anemone. Thalictrum. Clematis.

XIV. Klasse. Didynamia.

Gymnospermia. (Labiaten.) Galeopsis. Ocymum. Lavandula Prunella. Ajuga. Lamium. Galeobdolon. Stachys. Teucrium. Glechoma. Scutellaria. Betonica. Mentha. Thymus. Clinopodium. Origanum. *Angiospermia. (Verbasceen. Antirrhineen, Orobancheen u. Rhinanthaceen.)* Lathraea. Orobanche. Tozzia. Pedicularis. Rhinanthus. Bartsia. Euphrasia. Melampyrum. Scrophularia. Antirrhinum. Linaria. Digitalis. Erinus. Verbena.

XV. Klasse. Tetradynamia. (Cruciferen.)

Siliculosa. Biscutella. Lepidium. Thlaspi. Hutchinsia. Capsella. Lunaria. Draba. Cochlearia. *Siliquosa.* Hesperis. Mathiola. Raphanus. Dentaria. Cardamine. Nasturtium. Cheiranthus. Barbarea. Arabis. Erysimum. Sisymbrium. Brassica. Sinapis.

XVI. Klasse. Monadelphia.

Decandria. Geranium. *Polyandria. (Malvaceen.)* Althaea. Malva.

XVII. Klasse. Diadelphia.

Hexandria. (Fumariaceen.) Fumaria. Corydalis. *Octandria. (Polygaleen.)* Polygala. *Decandria. (Papilionaceen.)* Ononis. Anthyllis. Motus. Tetragonolobus. Trifolium. Astragalus. Oxytropis. Phaca. Melilotus. Medicago. Onobrychis. Lathyrus. Orobus. Pisum. Vicia. Phaseolus. Hippocrepis. Coronilla.

XVIII. Klasse. Polyadelphia.

Polyandria. (Hypericineen.) Hypericum.

XIX. Klasse. Syngenesia. (Compositen.)

Polygamia aequalis. Hypochoeris. Tragopogon. Scorzonera. Picris. Leontodon. Cichorium. Willemetia. Taraxacum. Lactuca. Sonchus. Prenanthes. Crepis. Hieracium. Lapsana. Adenostyles. Eupathorium. Carlina. Carduus. Cirsium. Silybum. Lappa. *Polygamia superflua* Homogyne. Petasites. Gnaphalium. Pulicaria. Inula. Erigeron. Aster. Solidago. Bellidiastrum. Arnica. Senecio. Tussilago. Bellis. Tanacetum. Artemisia. Matricaria. Chrysanthemum.

Achillea. Anthemis. Buphthalmum. Georgina. Tagetes. *Polygamia frustranea.* Centaurea. Helianthus. Bidens. Calliopsis. *Polygamia necessaria.* Calendula.

XX. Klaffe. Gynandria.

Monandria = (Orchideen.) Orchis. Gymnadenia. Platanthera. Peristylus. Nigritella. Ophrys. Herminium. Cephalanthera. Epipactis. Corallorrhiza. Sturmia. Neothia. Listera. Spiranthes. Goodyera. Cypripedium.

XXI. Klaffe. Monoecia.

Monandria. Euphorbia. Arum. Callitriche. *Diandria.* Pinus. *Triandria.* Sparganium. Carex. *Tetrandria.* Buxus. Urtica. Alnus. *Pent-Polyandria.* Myriophyllum. Iuglans. Amaranthus. Atriplex. Fagus. Quercus. Corylus. Carpinus. Betula. *Polyadelphia.* (Cucurbitaceen.) Cucurbita. Bryonia.

XXII. Klaffe. Dioecia.

Diandria. (Salicineen.) Salix. *Tetrandria.* Viscum. Spinacia. *Pentandria.* Cannabis. Hummulus. Juniperus. Taxus. *Octandria.* Populus. *Enneandria.* Mercurialis.

XXIII. Klaffe. Polygamia.

Die Gattungen diefer Klaffe find nach dem Vorgange der meiften neuern Schriftfteller, in die übrigen Klaffen vertheilt.

XXIV. Klaffe.

Equisetaceen. Equisetum. *Lycopodiaceen.* Lycopodium. Seloginella. *Filices.* Botrychium. Ophioglossum. Polypodium. Aspidium. Polystichum. Cystopteris. Asplenium. Scolopendrium. Blechnum. Pteris.